Siegfried Brockert

Stress

muss nicht sein

Seehamer Verlag

Hinweis des Verlages

Die in diesem Buch enthaltenen Informationen sind nach bestem Wissen und Gewissen zusammengestellt. Eine Haftung kann nicht übernommen werden.

Gestaltungskonzept: Bine Cordes, Weyarn
DTP: Ralph Furtner, Bruckmühl
Umschlaggestaltung: Bine Cordes, Weyarn
Umschlagfoto: creativ collection
Printed in Austria
ISBN 3-934058-53-1

Inhalt

Vorwort

Wer von jungen Menschen heute etwas fordert, was ihnen nicht passt, bekommt oft dieselbe Antwort: „Mach bloß keinen Stress!“ An dieses Wort will ich mich halten.

Dies Buch handelt zwar von Stress. Aber es soll hilfreich sein. Es soll Stress nehmen und keinen Stress machen. Viele Stress-Bücher aber machen Stress. Sie sind vollgepackt mit vielen guten Tipps gegen Stress. Sie fordern von uns gestressten Menschen, etwas für die Fitness zu tun, für die Ernährung, für die Entspannung: „Tu dies, tu das, und jenes lass' – und wenn du dich daran hältst, bist du frei von deinen Problemen.“

Die Ratschläge, die von gut meinenden Mitmenschen und in Stress-Büchern gegeben werden, sind oft nicht unbedingt falsch. Aber meist kommen sie zum falschen Zeitpunkt. Stress heißt: ein Mensch ist überlastet. Und wer einem gestressten Menschen noch ein weiteres Programm aufbürdet, hilft ihm damit nicht.

Aus diesem einfachen Grund finden Sie in diesem Buch kein Anti-Stress-Programm. Sie werden nichts lesen, was Ihnen Mühe abfordert. Kein Jogging und Yoga, nichts über Meditation und Medizin, kein Programm zur gesunden Ernährung, keine Aufforderung, sich das Rauchen abzugewöhnen oder Übungen oder Exerzitien zu machen. Wer Stress schon hat, soll ja nicht noch zusätzlich durch ein Buch über Stress gestresst werden.

Dennoch enthält dieses Buch ein Programm. Es besteht vor allem darin, nichts gegen Stress zu tun, aber vieles zu lassen, was Stress macht – und letztendlich: den Stress loszulassen. Vom Stress ablassen, heißt zunächst einmal: ihn gewähren lassen – erst sehen und erkennen, wo und wann und warum wir Stress haben. Nur wenn Stress deutlich gespürt wird, weiß man, was man loslassen möchte – und nur dann kann man Stress abbauen.

Die eigentliche Hilfe, die dieses Buch gibt, besteht also – vielleicht auf den ersten Blick für Sie überraschend – darin, den eigenen Stress erst einmal richtig zu spüren, ihn sich erst einmal bewusst zu machen. Wir alle leben im Stress. Wir alle sündigen deshalb gegen unsere Lebensfreude. Aber genau so gilt: Jeder Mensch weiß alles, kann alles, hat alles, was er braucht, um sich selbst mehr Lebensfreude zu gönnen. Wir müssen nur richtig hinschauen: auf unsere eigenen Stärken und auf das, was uns daran hindert, diese auch einzusetzen.

Hierbei soll dies Buch ein Augenöffner sein.

Siegfried Brockert

Kann man Menschen helfen? Kann man sich selbst helfen?

Du musst Sünde predigen,
wenn du Erlösung verkaufen willst.

(Frederick Herzberg)

„Nie wieder Stress“ heißt dieses Buch. Mit Ratschlägen, die in einem Buch gegeben werden, ist das aber so eine Sache. Was man gegen Stress tun kann, weiß eigentlich jeder: relaxen, entspannen, alles nicht so ernst nehmen nach dem Motto „don't worry, be happy“. Aber da beginnen bereits die Schwierigkeiten, denn wie lebt man entspannt, fröhlich und zufrieden? Da ist guter Rat gefragt.

Gut gemeinter Rat ist nicht immer nützlich

Bei Stress ist guter Rat nicht etwa teuer, sondern billig. Man kann ein schönes Anti-Stress-Programm zusammenstellen, mit Tausend Tipps, die gegen Stress helfen. Aber wäre das wirklich hilfreich? Wer wirklich all das tun wollte, was man gegen Stress unternehmen kann, bräuchte einen 36-Stunden-Tag und hätte dann immer noch nicht alles „abgearbeitet“. So kann es also nicht gehen. Deshalb enthält dieses Buch auch bewusst kein Anti-Stress-Programm.

Sie kennen sicher solche Programme und haben sich vielleicht selbst schon einmal eins verordnet in einer Situation, in der Ihnen klar geworden ist: „So kann ich nicht weiter leben. Ich muss etwas an meinem Leben ändern.“ Was stand auf Ihrem Zettel, den Sie vielleicht geschrieben haben?

- ✘ das Rauchen abgewöhnen
- ✘ nicht mehr so viel Alkohol trinken
- ✘ genug Schlaf bekommen
- ✘ morgens Stretching machen oder andere Gymnastik, um die müden Knochen in Bewegung zu bringen
- ✘ mittags kein schweres Essen, damit man nicht ins Nachmittags-Tief fällt
- ✘ abends Joggen …

… und so weiter und so fort. Das ist alles schön und gut. Aber leider: Mit guten Vorsätzen ist der Weg zur Hölle gepflastert. Wir schaffen es einfach nicht, unser Vorhaben in die Tat umzusetzen. Wir bekommen ein schlechtes Gewissen, beschimpfen uns dann selbst – und erhöhen dadurch unseren Stress, statt ihn abzubauen.

Guter Rat stresst!

Auch wenn Ratschläge gegen Stress vernünftig sind: Wir können nicht so einfach unsere Lebensgewohnheiten ändern. Denn auch gute Vorsätze machen zunächst einmal Stress und überfordern uns in anstrengenden Lebensphasen.

Es ist schwer, sich an guten Rat zu halten

Warum schaffen wir es so selten, uns an vernünftigen Rat zu halten? Die Antwort ist einfach, aber überzeugend: Wir überfordern uns. Auch unser eigenes Anti-Stress-Programm macht uns Stress. Und genau deshalb funktioniert es nicht. Und mit Tipps, die wir anderen Menschen geben, ist es genau dasselbe: Stellen Sie sich einmal vor, jemand fragt Sie um Rat. Dieser Mensch sagt: „Ich bin total im Stress. In der Familie gibt es Zoff. Mein Lehrer/mein Boss überfordert mich. Und mit meiner Gesundheit stimmt irgendwie auch etwas nicht. Ich bin nicht fit. Ich bin dauernd müde. Ich habe einfach keine Energie mehr." Vielen Menschen geht es so. Was würden Sie in solch einer Situation raten? Vermutlich das Folgende:

„Du musst mehr für deine Gesundheit tun. Hör' doch endlich auf zu rauchen, du weißt doch, dass das für dich nicht gut ist. Und genau so der Alkohol. Musst du wirklich jeden Tag Alkohol trinken – einen Absacker, der dich müde macht? Geh' abends doch joggen, dann wirst du auf eine völlig natürliche Art und Weise müde, dann schläfst du besser und bist morgens fit für deine Pflichten. Und im Job: Wenn du so rumhängst ohne Saft und Kraft, ist es ja kein Wunder, wenn dein Boss mit dir unzufrieden ist. Und zu Hause solltest du dich auch nicht immer so gehen lassen. Du kannst doch deine Launen nicht immer ausgerechnet an den Menschen auslassen, mit denen du zusammen lebst. Kein Wunder, dass du Stress hast, denn andere Menschen lassen sich einfach nicht alles gefallen."

Guter Rat ist teuer

Der gut gemeinte Rat: „Unternehm' doch endlich was gegen deinen Stress, so kann das doch nicht weiter gehen!" zeigt uns zwar deutlich, dass wir unser Leben verändern müssen. Den Weg zum Ziel allerdings weist uns dieser Tipp nicht.

Bei anderen Menschen erkennen wir meist sehr deutlich, was sie falsch machen und – vor allem – wie sie es besser machen könnten. Fragen Sie daher bei eigenen Problemen auch andere Menschen, statt Stunden, Tage und Jahre vor sich hin zu grübeln. Was Rat-Geber aber meist übersehen, ist: ihr Rat überfordert. Wenn sich der gestresste Mensch unseres Beispiels an Ihren Rat halten würde, müsste er sein ganzen Leben ändern. Und das schafft einfach keiner! Wenn Sie sich selbst einen Lebensrat geben, wie eben im Beispiel, ist der natürlich ebenfalls richtig und gut gemeint. Aber auch Sie selbst werden sich nicht daran halten.

Denn Sie fordern von sich, Ihr ganzes Leben zu ändern. Und das schafft keiner. Selbst Sie schaffen es nicht.

Auf Stärken achten. Nicht auf Schwächen

Ein Zweites kommt hinzu: Es war ja eigentlich kein Rat, den Sie eben in unserem Beispiel gegeben haben. Es war eher eine Analyse, eine Zustandsbeschreibung, eine Lebensbeschreibung. Und die Diagnose war niederschmetternd. Sie hat Salz in offene Wunden gestreut und kein gutes Wort enthalten. Das passiert bei gut gemeinten Ratschlägen leider oft: Die Tipps in Büchern und von Freunden machen uns nicht optimistisch. Im Gegenteil. Sie zeigen uns zuerst, wie wir leiden. Sie reden uns die Probleme geradezu ein. Sie zeigen uns, wie schlecht wir sind. Sie hacken auf unseren Fehlern und Schwächen herum und lassen uns vergessen, dass wir im Leben ja nicht alles immer falsch, sondern vieles völlig richtig machen. Solche Ratgeber sind nicht hilfreich.

Der amerikanische Psychologe und Management-Professor Frederick Herzberg hat über Helfer, die nicht hilfreich sind, ein passendes Wort gesagt. Es steht am Anfang dieses Kapitels und heißt im Original: „You have to preach sin, if you want to sell salvation“. Frei übersetzt: Du musst den Menschen einreden, wie schlecht es ihnen geht, ja, wie schlecht sie sind, dann kaufen sie dir deine erlösenden Worte ab. Das genau aber ist der Trick.

Die Tricks der Psycho-Gurus

Die meisten Psycho-Gurus arbeiten mit einem simplen Trick: Sie reden den Menschen erst die Lebenskrisen ein, die sie dann glücklich lösen wollen. Aber einfache Rezepte und Schlagwörter sind keine Hilfe, weder gegen Stress noch gegen andere Probleme.

Vorsicht vor den Vereinfachern

„Oh, ihr Sünder, ihr Armen, ihr macht alles falsch. Und jetzt sage ich euch, wie ihr es richtig machen müsst.“ Nach diesem Strickmuster werden wir ständig belehrt: von Predigern, Politikern, Eltern, Lehrern, Vorgesetzten, Gurus, Buchautoren, Anbietern von Management-Seminaren und vielen anderen Menschen. Warum das ein Trick ist? Wer den Menschen predigt, wie sehr sie sich versündigen und was sie alles falsch machen, gibt keine wirkliche Unterstützung. Meist wird den Menschen dabei nur klar, dass sie Hilfe dringend benötigen. Und was dann als Rezept gegeben wird, ist meist von überraschender Einfachheit: Es sind oft Sprüche, Merkverse, Sprichworte.

- ✗ „Sorge dich nicht – lebe", heißt es bei Dale Carnegie, dem Erfinder der modernen Ratgeberei.
- ✗ „Hör auf zu laufen, dann kommen die Dinge von selbst", sagen die Psycho-Gurus.

Das klingt so einfach. Das leuchtet ein. Man versucht es. Und schafft es nicht. Aber weil es so einleuchtend war, zweifelt man an sich selbst und nicht an den Gurus. Man geht zurück zu den Rat-Gebern. Und so gerät man in Abhängigkeiten. Das Schema ist ähnlich wie das der Werbung: Probleme, Schwächen und Bedürfnisse werden dem Publikum erst eingeredet – und dann wird die Erlösung von allem Übel angepriesen.

Jedes dritte Kind bekommt heute bereits Psycho-Pillen. Meist vom Arzt verordnet. Das zeigt, wie weit verbreitet Lebens-Stress schon bei den Jüngsten ist. Und es zeigt auch, dass Ärzte nicht immer den richtigen Rat, die richtige Hilfe gegen Stress anbieten. Der Grund: Auch Ärzte erkennen Stress längst nicht immer – und fast nie früh genug, sondern meist erst dann, wenn Stress zu einer großen, ja lebensbedrohenden Krankheit geführt hat.

Achtung vor Abhängigkeiten!

Stellen Sie sich einmal vor: Sie sind gestresst, verspannt, in Sorgen, Sie schlafen schlecht. Und ich habe eine Fabrik für Psycho-Pillen. Was also werde ich Ihnen in meiner Werbung sagen: „Ihnen geht es schlecht. Sie müssen etwas für sich tun. Und zu Ihrem Glück können Sie bei mir Pillen kaufen, damit es Ihnen besser geht." Wenn Sie anfangen, meine Pillen zu schlucken, geht es Ihnen tatsächlich besser. Aber nicht lange. Und dann brauchen Sie wieder neue Pillen. Denn die Pillen bekämpfen nur die Symptome und nicht die Ursachen.

Einem Menschen kurz vor oder kurz nach dem Herzinfarkt wird jeder Arzt sagen: „Sie müssen mit weniger Stress leben, wenn Sie überhaupt noch leben wollen." Dass Stress sich aber langsam, lautlos und harmlos einschleicht, entgeht der medizinischen Diagnose.

Ärztliche Kunst – mit Humor

Auch der Münchner Volksdichter Eugen Roth hat sich über Ärzte so seine Gedanken gemacht:

Was bringt den Doktor um sein Brot?
a) die Gesundheit, b) der Tod.
So hält er uns, auf dass er lebe,
zwischen beiden in der Schwebe.

Und mit all den Menschen, die sich auch für unsere Seele zuständig fühlen, ist es genau so. Gemeint sind in erster Linie nicht professionelle Psychologen und Psychotherapeuten, sondern all die Vereinfacher und Psycho-Sprüche-Klopfer, die mit Rat um sich werfen. Aber wirkliche Hilfe gelingt nicht mit simplen Strickmustern. Denn das einfache „Sorge dich nicht – lebe“ bedeutet: „Ändere Dein Leben von Grund auf. Werde ein neuer, ein anderer Mensch.“ Und das schafft keiner.

Hilfe von der Wissenschaft

Wer Stress abbauen will, muss den „Feind" erst einmal richtig kennen lernen: Dieses Buch berichtet über die wichtigsten Erkenntnisse der wissenschaftlichen Stress-Forschung. Denn erst das Wissen, wie sich Stress in unser Leben einschleicht, hilft uns, ihn auch daraus wieder zu verbannen.

Wie also soll man guten Rat geben? Dies Buch versucht, einen Mittelweg zu gehen. Sie werden keine Einfach-Weisheiten finden und keine umfassenden Lebens-Veränderungs-Programme. Beides überfordert. Beides macht Stress. Statt dessen möchte dieses Buch Ihnen etwas über die wissenschaftliche Stress-Forschung berichten. Wer mit weniger Stress leben will, muss erst einmal mehr über das Phänomen wissen und besser erkennen, wie es sich in unser Leben einschleicht. Und ab und zu gibt es Hinweise auf ein paar praktische Dinge, die man sinnvoller Weise und ohne sich selbst zu überfordern, tun kann.

Sich selbst kontrollieren, sich selbst ändern – warum dies oft misslingt

Vermutlich alle Menschen versuchen zu irgend einem Zeitpunkt ihres Lebens irgend etwas an ihrem Leben zu ändern. Persönliche Ziele erreichen, Stress abbauen, das Rauchen aufgeben, weniger trinken, freundlicher sein … Viele dieser Versuche schlagen fehl. Und die gesundheitlichen und seelischen Kosten solcher Fehlschläge sind kaum zu überschätzen.

Die Psychologen Roy F. Baumeister (Case Western Reserve University) und Todd F. Heatherton (Dartmouth College) haben die psychologische Literatur nach Gründen für das Scheitern von Selbst-Management-Programmen durchforscht. Sie fanden zwei Gründe:

1. falscher Einsatz und
2. ungenügender Einsatz der Kräfte

bei dem Versuch, etwas am eigenen Leben zu ändern.

Falscher Einsatz von Kräften

Falsch eingesetzt werden die Kräfte zur Selbstregulation meist auf Grund von falschen Annahmen über die eigene Persönlichkeit und das individuelle Umfeld. Beispiel: ein über-optimistischer Blick aufs Leben.

Drei Probleme lassen uns dabei scheitern:

1. Wie ein abgewiesener Liebhaber investieren wir Zeit und Energie in ein Projekt, von dem wir wissen könnten, dass es keine Aussichten auf Erfolg hat. Wir fassen – wie der bekannte Buchtitel: „Beim nächsten Mann wird alles anders" – oft genug den Vorsatz, dass ab jetzt alles anders, d.h. natürlich besser werden soll. Aber so etwas heißt: das eigene Leben total ändern wollen, und diese Pläne scheitern an der Realität.

   Baumeister fand zum Trost aber auch, dass Menschen solche zu großen Projekte schnell aufgeben, wenn sie über die Wahrscheinlichkeit von Erfolg und Scheitern ihrer Bemühungen auch nur informiert werden. Ohne solche Information werden diese Versuche allerdings oft lange durchgehalten – manchmal ein Leben lang.
2. Der Versuch, Dinge zu kontrollieren, die man nicht kontrollieren kann. Beispiel: eine bewusste Veränderung der eigenen Gefühle oder Stimmungen. Hierzu gibt es aber in aller Regel keinen direkten Zugang. Der Erfolg versprechende Weg führt meist über eine Psychotherapie zu einer grundlegend anderen Lebenseinstellung und dann zu einer Emotions- und Stimmungs-Kontrolle. Einfacher Rat nutzt hier wenig. Vor allem nicht das heute häufig propagierte „Patentrezept", Gefühle und Ärger einfach „raus zu lassen". Die Folge dieses Verhaltens ist in aller Regel, dass „Gleiches mit Gleichem vergolten wird" – und dadurch entsteht sicher mehr, statt weniger Stress und Ärger.
3. Konzentration der Kräfte auf ein unwichtiges Detail. Beispiel: eine Arbeit, vor der einem graut. In solch einer Situation, die Unwillen und Ärger hervorruft, konzentrieren sich Menschen häufig allein auf diese Stress-Aspekte. Sie verbringen Zeit und Kraft damit, sich in gute Stimmung zu bringen, um dann die ungeliebte Arbeit (Beispiel: die Steuererklärung) zu erledigen. Lange bleibt die eigentliche Arbeit aber unerledigt, und das Maß an Problemen im Leben wird trotz großer Bemühungen nicht geringer, sondern größer.

Falscher Einsatz von Kräften

Drei Gründe hindern uns, unsere Energien sinnvoll einzusetzen:

- ✘ Wir wollen völlig unrealistische Ziele erreichen, unsere Anstrengungen sind daher von Anfang an zum Scheitern verurteilt.
- ✘ Psychische Grundstimmungen lassen sich nicht einfach durch Willensanstrengungen oder Vorsätze ändern – hier ist die Unterstützung durch einen Fachmann gefragt.
- ✘ Konzentration der Kräfte auf ein unwichtiges Detail: z.B. eine unangenehme Verpflichtung bleibt lange unerledigt

Ungenügender Einsatz der Kräfte

Glaubt man der Forschungsliteratur, ist dieser Aspekt der wichtigere von beiden. Baumeister und Heatherton beklagen, dass heute ein soziales Klima geschaffen worden ist, das dem Nachgeben von Impulsen („Leben im HIER und JETZT") einen größeren Wert beimisst als der Einschätzung der Konsequenzen dieses Verhaltens. Spontanen Impulsen nicht nachzugeben, ist aber ein wesentlicher Teil des erfolgreichen Selbst-Managements. Wer sich übermäßiges Essen abgewöhnen will, muss auf irgend eine Weise befähigt werden, den Reizen von Nahrungsmitteln nicht nachzugeben.

Menschen unterscheiden sich in der Fähigkeit, eigenen Impulsen nachzugeben und auf kurzfristige Befriedigungen zugunsten langfristiger Zufriedenheit zu verzichten. Von Impulsen überwältigt zu sein, ist – so Baumeister und Heatherton – in unserer Hier-und-Jetzt-Gesellschaft aber eine weithin akzeptierte Entschuldigung. Sie gilt sogar vor Gericht, wenn auf Nicht-Verantwortlichkeit plädiert wird. Die Kraft von Impulsen wird nach Meinung der amerikanischen Psychologen aber oft überschätzt. Ihr Beispiel: Die meisten Dinge, die man angeblich macht, weil innere Impulse eine nicht mehr kontrollierbare Macht ausüben, würde man nicht tun, wenn ein anderer Mensch einem eine Pistole an den Kopf halten und Impulskontrolle befehlen würde.

Ungenügender Einsatz von Kräften

Erfolgreiches Selbst-Management schließt eine Kontrolle spontaner Impulse ein. Aber genau diese Fähigkeit hat in unserer Gesellschaft keinen Stellenwert mehr. Die oft negativen Konsequenzen unseres spontanen Verhaltens bereiten uns dann Kopfzerbrechen.

Wann Zwang und Selbstdisziplin helfen

Sich zusammenreißen und in Selbstdisziplin üben, bringt leider meist nur momentane Erfolge. Immerhin: auch die sind nützlich. Baumeister und Heatherton haben in der Fachliteratur zahlreiche Belege dafür gefunden, dass das Abgewöhnen von ungewollten und das Angewöhnen gewollter Verhaltenweisen meist kein einmaliger Prozess ist, sondern in vielen Etappen zum Ziel führt, zwischen denen es immer wieder Rückfälle gibt. Gutes Beispiel: Die meisten Menschen brauchen mehrere Versuche, um sich das Rauchen endgültig abzugewöhnen.

Hinweise in der wissenschaftlichen Literatur gibt es auch darauf, dass die Kraft, die man zur Selbstregulation braucht, ähnlich trainiert werden kann, wie die athletische Kraft eines Sportlers. Und jeder Versuch – selbst ein gescheiterter, wenn er nicht als endgültiges Versagen interpretiert wird – stärkt diese Kraft.

Die eigenen Kräfte trainieren

Die Veränderung von Verhaltensweisen gelingt meist in mehreren Etappen, auch Rückfälle müssen auf diesem Weg verkraftet werden. Aber die psychische Kraft zur Selbstregulation kann – ähnlich wie die athletische Kraft eines Sportlers – trainiert werden.

Am wichtigsten beim Selbst-Management: Aufmerksamkeit

Eine wichtige Hilfe für besseres Self-Management sehen die Forscher in einer Abkopplung von direkten Reizen und einer Hinwendung zu übergeordneten, das Verhalten leitenden Werten und Zielen. Dies Abkoppeln gelingt leichter, wenn in einem möglichst frühen Stadium im Sinne der angestrebten Ziele reagiert wird. Wer eigene Aggressivität beherrschen lernen will, sollte sich gar nicht in Situationen begeben, die aggressiv machen. Und wer abnehmen will, sollte den Kühlschrank nicht mit lauter Leibgerichten und Leckereien füllen. Aufmerksamkeit für die eigenen Ziele und das eigene Verhalten ist deshalb ein wichtiger Tipp beim Selbst-Management.

Aufmerksamkeit für übergeordnete Ziele

Hilfreich für die Selbstregulation ist es, die Aufmerksamkeit von spontanen Reizen abzulenken und sich seinen übergeordneten Zielen zuzuwenden. Dabei hilft es, wenn Situationen vermieden werden, in denen die Aufmerksamkeit reduziert wird, z.B. durch Stress, Ärger oder Müdigkeit.

Wie die eigenen Kräfte gestärkt werden

Aufmerksamkeit (und auch die Kraft zur Selbstregulation) wird unter bestimmten Bedingungen reduziert. Hierzu gehören:

- ✘ Stress (im Stress reagieren wir meist heftig – aber eben nicht überlegt)
- ✘ Ärger (je stärker ein Mensch verärgert ist, desto eher reagiert er „aus der Situation heraus" und desto eher verliert er übergeordnete verhaltensleitende Werte und Ziele aus dem Bewusstsein)
- ✘ Müdigkeit (viele Verstöße gegen eigene Vorsätze geschehen nachts – das gilt für Gewaltverbrechen mit einem Peak in den späten Nachtstunden ebenso wie für „Fress-Orgien" oder für Sexualität mit einem Menschen, in die man hineinschlittert und die man spätestens am nächsten Morgen bereut).

Um dem Ziel guter Selbstregulation näher zu kommen, sind drei Voraussetzungen zu erfüllen:

1. muss man sich über die eigenen Ziele wirklich Klarheit verschaffen. Oft setzen sich Menschen zu viele, zu hohe oder Ziele, die zueinander im Widerspruch stehen. Beispiel: sie nehmen sich vor, viel Zeit für die eigenen Kinder und viel Zeit für die eigene Karriere zu haben.
2. muss das eigene Verhalten beobachtet werden. Bei größeren Vorhaben muss man wissen, wie weit man vom Ziel entfernt ist, um dann über die nächsten Schritte zu entscheiden. Sollen „kleine" Gewohnheiten verändert werden (Beispiel: Rauchen), stellt sich die Lage etwas anders dar: Auch der stärkste Raucher ist in dem Moment, in dem er nicht raucht, bereits am Ziel – wenn auch oft nur für Minuten. Hier ist es also wichtig zu wissen, wann man den angestrebten Zustand wieder aufgibt.
3. Erst nach der Zielbestimmung und der Selbstbeobachtungs-Phase können Erfolg versprechende Maßnahmen zur Verhaltensveränderung gewählt werden.

Leider machen wir es meist umgekehrt. Wir denken nicht, wir planen nicht, ja – wir informieren uns nicht einmal über uns selbst. Wir schreiten gleich zur Tat. „Ich habe Stress? Also nehme ich mir vor, jetzt jeden Tag zu joggen." Das hält man dann ein paar Tage durch – aber das Scheitern ist vorprogrammiert. Und denken Sie einmal an die vielen Menschen, die weniger essen und dadurch abnehmen wollen. Der gute Vorsatz ist stark. Schwach aber ist ihr Wissen über das, was sie tatsächlich tagtäglich zu sich nehmen. So kommt es zum falschen Kräfte-Einsatz.

Drei wichtige Schritte auf dem Weg zum Ziel:

- ✘ Klarheit über die eigenen (realistischen) Ziele
- ✘ Beobachtung des eigenen Verhaltens, Festlegen des augenblicklichen Standpunkts auf dem Weg zum Ziel
- ✘ Planen erfolgversprechender Maßnahmen

Für gestresste Leser: das Wichtige in Kurzform

Der Mensch wird durch die Entwicklung
seiner Kräfte dazu getrieben,
immer weitere und höhere Ziele
für sein Handeln zu entdecken.
Gleichzeitig neigt er aber dazu,
vom Eroberten beherrscht zu werden.

(Pierre Teilhard de Chardin)

Was ist eigentlich Stress?

Der Begriff stammt ursprünglich aus der Physik, genauer gesagt aus der Materialforschung. Stress meint hier den Druck, die Spannung, die Belastungen, die auf ein Material einwirken – das Stahlseil zum Beispiel, an dem eine Hängebrücke hängt. Zu viel Druck, zu viel Spannung, zu viel Stress – dann bricht das Material. Schon in Schillers „Wilhelm Tell" heißt es: „… und überspannt – dann bricht der Bogen". Der Begründer der wissenschaftlichen Stress-Forschung, der ungarische Medizin-Professor Hans Selye, der lange an der renommierten McGill University in Montreal lehrte, hat den Begriff „Stress" von der Materialforschung auf seinen Forschungsgegenstand übertragen: zu viel Belastung, zu viel Anspannung, zu viel Stress – dann bricht der Mensch.

Anleihe bei der Physik

Der Begründer der Stress-Forschung, Hans Selye, hat den Begriff „Stress" aus der Physik abgeleitet. In der Materialforschung spricht man von Stress, wenn etwas unter zu großem Druck in die Brüche geht. Bei Menschen, die durch andauernde Anspannung überbelastet sind, ist dies genau so.

Aus welchem „Material" besteht der Mensch?

Material, das die Physik untersucht, ist tote Materie. Für jeden einsichtig ist, dass ein Seil reißt, wenn ein zu schweres Gewicht daran hängt. Insofern hat Prof. Selye einen eingängigen, plastischen Vergleich gefunden, um zu erklären, warum Belastungen schädlich sein können. Der Mensch aber besteht aus lebender „Materie", aus:

- Körper,
- Geist und
- Seele.

Körper – Geist – Seele

Beim Menschen greifen die drei Bereiche Körper, Geist und Seele in einem komplexen Zusammenspiel ineinander. Das macht es so schwierig zu bestimmen, wann Stress ernsthafte negative Folgen für uns hat, zumal die Menschen auf Belastungen individuell verschieden reagieren.

Und diese drei „Materialien" sind bereits an sich hoch kompliziert. Und noch komplizierter als bei Stahlseilen und Hängebrücken wird alles, weil Körper, Geist und Seele zusammen wirken. Auch beim Stress:

- ✘ Körperlicher Stress – ein Marathonlauf etwa – belastet nicht nur den Körper, sondern wirkt auch auf Geist und Seele – und manchmal in positiver Weise. Beispiel: Wer sich körperlich richtig ausarbeitet, hat vielleicht keine große Lust mehr, danach noch den Geist anzustrengen, aber seinem seelischen Wohlbefinden tut dies gut. Wissenschaftlich erwiesen ist zum Beispiel, dass Jogging oder Power Walking sogar gegen depressive Verstimmung hilft.

- ✘ Ebenso hat geistiger Stress Auswirkungen auf Körper und Seele. Ab Seite 83 finden Sie dafür ein plausibles Beispiel: Videospiele können den Herzschlag auf 180 pro Minute bringen – und die Menschen fühlen sich dabei seelisch sehr wohl, sie spüren nicht, dass sie sich an den Rand einer Überlastung mit Krankheitswert bringen.

- ✘ Und die Seele ...? Wer stark gestresst wird – beispielsweise von traurigen Empfindungen geplagt oder von Menschen gemobbt wird -, reagiert darauf auch nicht nur „seelisch", sondern verliert geistige Konzentration und Klarheit. Und der Körper wird geschwächt – ein Zustand, den wir heute unter dem Wort „Burnout" kennen.

Das Phänomen Stress ist kompliziert. Deshalb gibt es dafür keine einfachen Regeln. Schon einige wenige Beispiele zeigen die Vielfältigkeit der Erscheinungsformen:

1. Ob wir unter Stress leiden, hängt – anders als bei toter Materie – nicht allein vom Druck ab, der auf uns ausgeübt wird. Es kommt genau so darauf an, wie wir mit diesem Druck umgehen.
2. Was für einen Teil von uns – etwa den Körper bei großer Anstrengung – Stress bedeutet, kann für Geist und Seele genau das Gegenteil sein.
3. Genau so kann es vorkommen, dass ein Teil von uns gestresst wird – etwa unser seelisches Empfinden durch einen Vorgesetzten mit rüdem Umgangston -, dass wir das aber gar nicht bemerken. Genauer: unser Verstand ordnet diese Erfahrung falsch ein. Unser Geist sagt uns: „Der Boss übt Druck aus. Er ist der Stärkere. Also musst du ausweichen." Für das momentane Verhalten kann das klug und richtig sein. Aber auf Dauer ist das keine Lösung, denn durch Ausweichen allein werden wir den Stress, der in uns weiter wirkt, nicht wirklich los, sondern wir verdrängen ihn nur aus unserem Bewusstsein. Und über Jahre hinweg kann so ein großes Leiden entstehen, das sich schließlich in körperlicher Krankheit äußert. Denn Stress, das ist erwiesen, schwächt unser Im-

munsystem – unabhängig davon, ob wir ihn spüren oder ob wir ihn aus unserem Bewusstsein verdrängt haben.

4. Und schließlich sind die Menschen erwiesenermaßen sehr verschieden. Was für den einen schädlicher Stress ist, bedeutet für einen anderen eine positive Herausforderung. So reagieren zum Beispiel schüchterne Menschen anders auf Stress als ein seelisch starker Mensch. Nach neueren Forschungen leiden allerdings bis zu 80 Prozent der Menschen ganz oder teilweise unter Schüchternheit. Unter diesem Aspekt bekommt ein Stress-Buch sogar eine gesellschaftspolitische Dimension. Denn wir leben heute in einer Zeit, die auf die Starken zugeschnitten ist, und in der auf das Empfinden der Sensiblen – und nichts anderes ist Schüchternheit – wenig Rücksicht genommen wird.

Sensibilität gegen Stress

Es gibt keine allgemein gültigen Erklärungen dafür, wie schädlicher Stress entsteht. Aber es gibt ein gutes Rezept dagegen: Wir alle sollten sehr viel sensibler werden für den Druck, dem wir täglich ausgesetzt sind. Sonst bemerken wir den Stress unserer Zeit und in unserem Leben nicht. Die Folgen sind den meisten Menschen bekannt: Wir fühlen uns matt, müde, unwohl, unglücklich.

Wissen über Stress ist der beste Schutz

Natürlich wissen Sie das meiste oder sogar alles von dem, was bisher gesagt wurde. Aber mit dem Wissen ist das so eine Sache. Es gibt „aktives“ Wissen und „passives“ Wissen – den Unterschied kennen Sie aus dem Englisch-Unterricht in der Schule oder vom letzten Essen beim Italiener. Das Wort „Burnout“ (ausgebrannt sein) oder das Wort „fegato“ (Leber) verstehen Sie, wenn Sie „Burnout“ hören oder „Fegato Veneziana“ auf der Speisekarte lesen. Meist aber handelt es sich hier nur um „passives“ Wissen. Wir verstehen diese Begriffe zwar, wenn sie uns im Leben begegnen, aber wir können sie selbst nicht aktiv einsetzen. Sie gehören zu unserem passiven und eben leider nicht zu unserem aktiven Wortschatz.

Ähnlich verhält es sich beim Thema Stress, unser Wissen darüber ist nur passiv. „Klar, wenn ich mich körperlich anstrenge, geht es mir seelisch besser,“ wird jeder Mensch sagen, wenn er oder sie auf das Thema gestoßen wird. Sie lesen etwas und denken sich: „Weiß ich

doch längst." Sie geben einem Menschen eine gute Erklärung über dessen Stress, und der sagt ebenfalls: „Weiß ich doch längst." Aber dieses Wissen ist nicht „aktiv". Aktiv wäre es erst, wenn ich mir bei seelischen Verstimmungen sage: „Jetzt grüble ich nicht lange rum, sondern ziehe die Adidas-Schuhe an und laufe 20 Minuten oder mache einen Power Walk." Aber welcher Mensch macht das schon? Die meisten grübeln, statt die Probleme „wegzujoggen".
Dies Buch möchte Sie, so stand es im Vorwort, nicht belehren. Es möchte Ihr Wissen über Stress aktivieren – so stark, dass Sie es für ein fröhlicheres Leben nutzbar machen können – und auch anderen Menschen einen Rat und ein gutes Beispiel geben können.

Aktives Wissen gegen Stress

Wenn Ihr Wissen über Stress Sie befähigt, in Zeiten großer Anspannung bewußt „gegenzusteuern", sind Sie schon ein gutes Stück voran gekommen. Denn passives Wissen allein hilft uns nicht weiter: Wir können es in Stresssituationen nicht aktivieren und in die Tat umsetzen.

Kämpfen Sie nicht gegen Stress

Um sich vor schädlichem Stress zu schützen, brauchen Sie ein Verhaltensmuster, das den meisten Menschen fremd ist. Üblicherweise funktionieren wir nach dem Prinzip: „Hier ist ein Problem. Her mit der Lösung." Wir sind aktiv. Wir wollen etwas tun – und wenn wir schon etwas tun, dann auch richtig und gründlich. Beim Stress aber funktioniert dieses Vorgehen nicht. Ein Kampf gegen Stress ist anstrengend – und erzeugt deshalb noch mehr Stress. Man treibt also den Teufel mit Beelzebub aus. Eine gute Formel gegen Stress ist deshalb: Es geht nie um eine Maximallösung. Es geht immer um eine optimale Lösung.

Stress lässt sich nie ganz abschaffen

Das ergibt sich bereits aus rein biologischen Gründen: Körper, Geist und Seele stehen immer unter einer gewissen Spannung. Der Ideal-Zustand ist nicht: keine Anspannung haben. Vielmehr gibt es ideale „Spannungszustände", und sie liegen in jedem Fall oberhalb von Null, denn sonst wären wir schon längst tot. Wir alle stehen also ständig unter Stress.

Dafür ein kurzes Beispiel, das auf den Psychologen (und Selye-Kollegen an der McGill University) Professor Donald O. Hebb zurück geht. Er hat Menschen mit verbundenen Augen in einem schallisolierten Raum sprichwörtlich in Watte gepackt (das unterbindet Berührungsreize) und sie in einem Bassin schwimmen lassen (dadurch werden Lage-Empfindungen weitgehend ausgeschaltet). Entzieht man Menschen auf diese Weise über Stunden und Tage weitgehend alle Sinnesreize, so führt dies anfangs zu Unruhe (weil der Zustand ungewohnt ist), dann zu Entspannung – danach aber zu stark erhöhter Phantasietätigkeit, die Wahnsinns-ähnliche Formen annehmen kann, die vermutlich – denn spätestens hier wurden die Experimente abgebrochen – langfristig zum Tode führen.

Wir brauchen Stress, um gesund zu bleiben und vermutlich sogar, um überhaupt leben zu können. Aber wieviel? Das herauszufinden, wird bedeutende Wissenschaftler noch jahrzehntelang unter Stress halten. Wir, die wir heute leben, lieben und lachen wollen, sollten wissen: Irgendwann einmal kann der Stress zu viel werden, und bei den meisten Menschen herrscht bereits zuviel Stress. Gehen Sie deshalb davon aus, dass auch Sie wahrscheinlich mehr Stress haben als Sie glauben und sehr, sehr viel mehr als Sie spüren. Stress wird oft nicht erkannt und – falls er doch erkannt wird – verdrängt.

Stress ist natürlich

Wissenschaftlich nachgewiesen ist, daß ein gewisser Spannungszustand für den Menschen lebensnotwendig ist. Eine Erklärung dafür, wann dieser in negativen Stress übergeht, steht noch aus. Fest steht allerdings, dass wir alle meist mehr Stress haben, als uns bewusst ist – und gut für uns ist.

Wir selbst machen uns Stress

Gehen Sie aber auch davon aus, dass Sie sich den größten – und vor allem den schädlichen – Teil Ihres Stress' selbst machen. Wie? Das erklärt das Wort von Pierre Teilhard de Chardin, das diesem Kapitel vorangestellt worden ist. Es hat etwas mit der Art und Weise zu tun, wie die Natur uns geschaffen hat: Der Mensch wird durch die Entwicklung seiner Kräfte dazu getrieben, immer weitere und höhere Ziele für sein Handeln zu entdecken. Gleichzeitig neigt er aber dazu, vom Eroberten beherrscht zu werden. Wir werden Opfer unserer eigenen Kräfte, unseres Wollens, unserer Begierden. Das macht Stress.

Ein guter Rat ist deshalb, genauer hinzusehen, was wir im Leben erreichen wollen. Und ob wir das wirklich wollen sollen.

Stress ist eine Sünde gegen unsere Lebensfreude

Etwas ganz anders machen,
bedeutet, es genauso zu machen.

(Sprichwort)

Das vielleicht größte Problem ist, dass wir eigenen Stress in aller Regel nicht erkennen. Viele Menschen halten es sogar für ein Zeichen ihrer Leistungsfähigkeit, von Stärke, wenn sie angespannt sind und ständig Druck haben. Wir neigen dazu, unangenehme Dinge oder Empfindungen zu verdrängen und auszublenden. Das ist ein meist hilfreicher seelischer Mechanismus, denn negative Gefühle rauben uns Energie. Leider aber sind die meisten von uns so gute „Verdränger", dass wir überhaupt nicht mehr fühlen, wann wir unter schädlichem Stress stehen.

Es gibt zwei Arten von Stress, Eu-Stress und Dis-Stress – Begriffe, die leicht zu erläutern sind:

- ✘ Eu-Stress. Die griechische Vorsilbe „eu" bedeutet so viel wie „gut, schön, positiv". Positiver Stress entsteht immer dann, wenn wir eine Anforderung als Herausforderung ansehen und zugleich das gute Gefühl haben, dass wir dem auch gewachsen sind. Ein heute so gängiger Spruch wie „Man muss nicht die Krise sehen, sondern die Chance" drückt dies aus. Ein weiser Spruch. Aber bekanntlich kann man einen Menschen auch mit der Bibel totschlagen. Und genau das geschieht beim
- ✘ Dis-Stress: Die Vorsilbe „dis" bedeutet das Gegenteil von „eu". Dis-Stress ist schädlicher Stress, ist das, was wir gemeinhin unter „Stress" verstehen: unangenehme Anforderungen und Belastungen, denen wir uns nicht gewachsen fühlen. Wann immer in diesem Buch von Stress die Rede ist, ist der negative Stress, der „Dis-Stress" gemeint.

Eu-Stress und Dis-Stress

Es gibt zwei Arten von Stress. Die positive Variante ist der Eu-Stress. Hier fühlen wir uns den Herausforderungen gewachsen, die an uns gestellt werden. Das, war wir allgemein unter schädlichem Stress verstehen, ist der Dis-Stress: Hier werden die Anforderungen als Belastung empfunden.

So entsteht schädlicher Stress

Eine Faustregel, die sich durch das ganze Buch ziehen wird, hilft uns, Dis-Stress zu erkennen: Schädlicher Stress entsteht, wenn unsere Ziele im Leben nicht mehr mit unseren Bedürfnissen übereinstimmen. Dieser Satz wird Sie eventuell ärgern. Wie selbstverständlich gehen die meisten Menschen davon aus, dass ihnen Stress von anderen Menschen oder von „den Umständen" aufgeladen wird: Der Chef. Verpflichtungen, die man hat.

Menschen, die einen unter Druck setzen. Das Leben in wirtschaftlich schlechten Zeiten. Sie wollen für Ihre Familie sorgen. Sie kennen vielleicht aus der eigenen Jugend Armut und wollen, dass Ihre Kinder es besser haben. Ihre Firma braucht Sie. Ihre Freunde brauchen Sie. Ihre Familie sowieso. Es gibt also viele und gute Gründe, warum wir unter schädlichem Stress stehen. Und für die meisten Gründe können wir nichts. Oder doch?

Schauen Sie sich einmal einige andere Menschen an: Menschen, die mit vergleichbaren Belastungen wie Sie leben, denen das Leben aber möglicherweise mehr Freude macht als Ihnen. Diese Menschen lieben mehr, und sie lachen mehr. Sogar die Arbeit geht ihnen leichter von der Hand. Und dies sind meist auch die Menschen, die Karriere machen. Kurz: Diese Menschen haben genau so viel Stress, wie Sie – aber sie leiden weniger darunter.

Lasse ich mir die Freude nehmen?
Die Menschen reagieren völlig unterschiedlich auf Stresssituationen: Die einen kommen gut mit den Anforderungen und Belastungen des Alltags klar, anderen wird die Luft zum Atmen genommen. Aber es liegt auch mit an uns, ob wir uns die Lebensfreude nehmen lassen.

Nun werden Sie zu Recht einwenden, dass Sie nichts dafür können, dass die „Natur“ Sie mit einer bestimmten Art von Persönlichkeit ausgestattet hat. Sie sind eben ein Mensch mit Werten, die erkämpft werden wollen. Sie sind kein Bruder (keine Schwester) Leichtfuß. Sie nehmen die Dinge ernst und setzen sich nicht leichtfertig über Verpflichtungen hinweg. In diesen Sätzen steckt ein tiefer Sinn – und eine gute Hilfe gegen Stress. Sie bedeuten nämlich: Irgendwie liegt es doch an uns selbst, ob wir unter den Anforderungen und Belastungen des Lebens so stark leiden, dass uns die Lebensfreude genommen wird.

Wo bin ich? Wo meine Ziele?
Sie sollten einmal darüber nachdenken, ob die Anforderungen, denen Sie entsprechen (wollen), auch tatsächlich Ihren Bedürfnissen entsprechen. Die Antwort ist wichtig: denn der Spaß am Leben wird getrübt, wenn man beständig an den eigenen Wünschen vorbei lebt.

Die Konsequenz aus dieser Erkenntnis heißt: Wir selbst sind es, die darüber entscheiden können, wieviel Stress wir haben. Wir können uns zumindest gegen mehr Stress und für mehr Lebensfreude entscheiden. Wer diesen Wunsch auch in die Tat umsetzen will, kommt allerdings nicht darum herum, einen Blick auf das eigene Verhalten zu werfen.

Überprüfen Sie Ihre Pflichten und Ziele

Fragen Sie sich einmal: Welchen Aufgaben und welchen Zielen, die Ihnen von anderen Menschen oder „von den Umständen“ angedient werden, müssen Sie wirklich entsprechen? Müssen Sie sich alles, was das Leben an Sie heran trägt, wirklich zu eigen machen? Sind diese Ansprüche zu weit von Ihren wirklichen Bedürfnissen entfernt, entsteht Stress, der Ihnen Lebensfreude nimmt. Wer Hilfe gegen diesen Stress sucht, kommt an zwei Fragen nicht vorbei:

- ✘ Was sind meine wirklichen Bedürfnisse? Und:
- ✘ Was macht mich im Leben wirklich glücklich?

Das sind komplizierte Fragen. Einfache Antworten darauf gibt es nicht. Wer weiß schon wirklich, was er oder sie zum eigenen Glück braucht?

In Ihnen, dem eiligen, dem gestressten Leser, wird jetzt vielleicht eine bestimmte Ahnung geweckt – nämlich die, dass Sie im Leben grundsätzlich etwas falsch machen oder dass in Ihrem Leben grundsätzlich etwas falsch läuft. Solch eine Ahnung kann gefährlich sein. Auch wenn es paradox klingt: tun Sie nichts gegen Stress. Sich klar zu machen, dass es schädlichen Stress gibt, kann dazu verleiten, das ganze Leben ändern, alles anders machen zu wollen – und was der guten Vorsätze mehr sein können. Da liegt die Gefahr. Vorsicht also. Wenn Sie diesem Vorsatz folgen, streben Sie eine Maximal-Lösung an. Das kann nicht klappen. Das sollten Sie von sich selbst nicht verlangen, und Sie sollten auch nicht akzeptieren, wenn andere Menschen von Ihnen Unmögliches verlangen. Dafür gibt es zwei gute Gründe:

1. Sein Leben zu ändern, ist eine sehr schwere Aufgabe, und auch wenn das Ziel darin besteht, Stress abzubauen, bedeutet dies erst einmal zusätzlichen Stress. Jeder Mensch, der einmal versucht hat, mit dem Rauchen aufzuhören oder irgendeinen anderen Neujahrsvorsatz in die Tat umzusetzen, weiß, was gemeint ist: Bereits eine kleine Neuerung und Änderung im Leben erzeugt Stress.
2. Gestresste Menschen sind oft diejenigen, die neue Aufgaben mit viel Energie anpacken. Ihnen eine neue Aufgabe aufzubürden – dies musst du tun, das musst du tun -, bedeutet aber, sie weiter in Ihr stress-behaftetes Leben einzubinden. Genau das sollten Sie aber nicht tun!

Kein Sofortprogramm gegen Stress!

Tun sollten Sie nichts gegen Stress, das erzeugt im Zweifelsfall erst einmal neuen Stress. Aber – und das wird Ihren Aktivitätsdrang in die richtige Bahn lenken – Sie können eine Menge Dinge lassen und dadurch große Erfolge erzielen: Verzichten Sie auf das, was Sie nicht wirklich glücklich macht. Lassen Sie all jene Dinge, die Sie von Ihren wirklichen Bedürfnissen entfernt haben. Wenn Sie aus dem ganzen Buch nur diese eine Erkenntnis mitnehmen – es hätte sich schon gelohnt.

Begierden sind schädlich

Es hilft, zwischen Bedürfnissen und Begierden zu unterscheiden. Ein größeres Auto oder ein Wochenendhaus zu besitzen, kann einem Menschen als echtes Grundbedürfnis erscheinen. Besitz macht Spaß. Und es gibt Dinge, die man haben muss, um zu spüren: Ich bin ich. Aber längst nicht alles, was man besitzt und anstrebt, gehört zu diesen „Markenzeichen der Persönlichkeit". Vielleicht ist ein kleineres Auto auch ausreichend. Es kostet weniger Geld. Und mit dem so Gesparten können Sie sich etwas anderes kaufen, was zu Ihnen sehr viel besser passt.

Niemand sollte von Ihnen verlangen, dass Sie jetzt aus Ihrem Beruf, aus Ihrer Familie, aus Ihren Verpflichtungen „aussteigen" und Schafe hüten (was, wie jeder Aussteiger weiß, sehr stressreich sein kann). Alles, was Sie jetzt sollen und wollen, ist: Stress überhaupt erst einmal zu erkennen. Vor allem: mögliche Ursachen von Stress, die in Ihrer Lebens-Einstellung liegen.

Bei sich selbst anfangen

Da Sie an Ihren äußeren Lebensumständen kaum etwas ändern können, ist es bei Stress hilfreich, das eigene Verhalten unter die Lupe zu nehmen und sich selbst einige kritische Fragen zu stellen. Was mache ich da eigentlich? Will ich das wirklich? Die Antwort zu finden ist sicher nicht leicht, aber es lohnt sich. Denn bei sich selbst können Sie – Schritt für Schritt – Veränderungen anstreben und Ihre Zufriedenheit mit dem Leben steigern.

Warum Sie bei sich selbst anfangen sollten?

Aus einem einfachen Grund: Sie werden Ihren Chef und andere Menschen oder die Umstände, die Ihnen Stress machen, kaum ändern können. Wenn überhaupt, dann können Sie nur an Ihrem eigenen Verhalten etwas ändern.

Machen Sie das nicht sofort. Machen Sie es erst einmal im Kopf. Das Beispiel des heiligen Franziskus kann Ihnen dabei helfen. Der war einmal beim Rasen mähen und wurde gefragt, was er tun würde, wenn er wüsste, dass er in einer Stunde sterben müsste. „Weiter mähen," hat er gesagt. In dieser Antwort stecken Wahrheit und Weisheit. Bei Franziskus entsprach das, was er tat, seinem Grundbedürfnis. Und so hatte er nicht das Gefühl, das viele Menschen überkommt, wenn sie an das Ende denken: „Habe ich etwas versäumt? Muss ich noch etwas tun?" Uns weniger Heiligen ist meist klar, dass vieles von dem, was wir gerade tun, nicht das ist, was wir tun würden, wenn wir nicht mehr viel Zeit zu leben hätten.

Auch Sie als gestresster Mensch sollten erst einmal „weiter mähen". Aber Sie sollten sich zwischendurch immer wieder einmal „auf eine Wolke setzen", von oben auf sich selbst blicken und sich zwei Dinge fragen:

1. Was mache ich da eigentlich?
2. Will ich das wirklich?

So werden Sie aus dem tagtäglichen Tun heraus Ihre Grundbedürfnisse erkennen und formulieren können. Aber ändern Sie sich nicht sofort. Der Mensch ist ein Gewohnheitstier. Jede Änderung in seinem Leben – auch eine Wende zum Besseren – kann eine zusätzliche Belastung bedeuten. Überlegen Sie bei den folgenden Ratschlägen also bitte immer erst, ob Sie auch können, was Sie wollen. Der Richtwert dafür ist: Wenn Sie sich zwingen und zusammenreißen müssen, um zu entspannen, läuft ganz offensichtlich irgend etwas schief. Franz von Assisi gab auf die an ihn gestellte Frage eben nicht die Antwort: „In der verbleibenden Stunde noch einen möglichst großen Teil der Wiese abmähen." Er sagte: „weiter mähen", ein kleiner, aber sehr wichtiger Unterschied.

Tipps zum Stress-Abbau

Jetzt zu vier Fragen, deren Beantwortung Ihnen die ersten Hilfestellungen beim Stress-Abbau geben soll.

1. Schlafen Sie genug?

   Täglich acht Stunden Schlaf ist die beste Naturheilmethode gegen Stress, ist besser als jede Medizin. Viele Menschen klagen über Stress, doch wenn man sie fragt, ob sie ausreichend Schlaf bekommen, wissen sie noch nicht einmal, wie lange sie pro Nacht schlafen. Wissen Sie es? Ehrlich? Füllen Sie schnell die folgende Tabelle aus:

	Eingeschlafen		Aufgewacht	Stunden
Sonntag:	Uhr	Montag:	Uhr	____
Montag:	Uhr	Dienstag:	Uhr	____
Dienstag:	Uhr	Mittwoch:	Uhr	____
Mittwoch:	Uhr	Donnerstag:	Uhr	____
Donnerstag:	Uhr	Freitag:	Uhr	____
Freitag:	Uhr	Sonnabend:	Uhr	____
Sonnabend:	Uhr	Sonntag:	Uhr	____

Kommen Sie auf mehr als 50 Stunden Schlaf in der zurückliegenden Woche? In dieser Woche? Vermutlich wird es Ihnen bei der Beantwortung solcher Fragen gehen wie vielen Menschen. Sie „wollen alles gar nicht so genau wissen". Noch einmal das Beispiel: Gewicht abnehmen. Auf die Frage: „Isst du zu viel?" antworten viele Übergewichtige mit dem Brustton der Überzeugung: „Nein." Aber sie haben keine Antwort auf die eigentlich viel einfacher zu beantwortende Frage: „Was hast du gestern und heute und am letzten Wochenende gegessen und getrunken?" In diesem Sinne: Wer auf die Frage, wieviel Stunden er oder sie in der letzten Woche tatsächlich geschlafen hat, nicht präzise mit der Zahl der Stunden antworten kann, sollte nicht über Stress grübeln, sondern sollte sich bei so einfachen Dingen des Lebens Klarheit verschaffen.

Also: Gute Nacht! Und einen guten Gedanken sollen Sie noch mit auf den Weg ins Traumland bekommen: Am Beispiel Schlaf lässt sich der Sinn unserer Definition sehr gut demonstrieren, dass Stress dann entsteht, wenn die eigenen Ziele von den eigenen Bedürfnissen zu weit entfernt sind. Ausreichenden Schlaf zu bekommen, wird von jedem Menschen als Grundbedürfnis anerkannt werden. Doch welche Ziele haben Sie verfolgt und wie bedeutend waren sie, dass sie Sie vom Schlaf abgehalten haben? Noch die Spätausgabe der Tagesschau gesehen? Den Spät-Krimi zu Ende betrachtet? Von einer Diskussion nicht abgelassen? Einen Besuch zu sehr ausgedehnt?

Antworten auf solche einfachen Fragen sind gemeint, wenn gefragt wird: Verstoßen Sie gegen Ihre eigenen Bedürfnisse? Machen Sie sich den großen Teil Ihres Stress' selbst?

2. Halten Sie sich künstlich aktiv?
Denken Sie einmal an Nikotin und Alkohol (mehr dazu finden Sie ab Seite 89 und Seite 153). Hier soll es genügen, darauf hinzuweisen, dass Nikotin und Alkohol sowohl Mittel zur Aktivierung als auch zur Beruhigung sind. Viel von diesen Mitteln zu sich zu nehmen, bedeutet, den Körper wie in einem Fahrstuhl dauernd hoch- und wieder runter zu jagen. Das könnten Sie lassen, los lassen! Aber Vorsicht: Nehmen Sie sich nicht zuviel vor. Dass Sie mit dem Rauchen aufhören sollten, wissen Sie, seit Sie rauchen. Dass Sie es bisher nicht geschafft haben, zeigt Ihnen, wie sehr Sie „den Stoff" im Moment brauchen. Wenn Sie jetzt das Rauchen oder den Promille-Tröster (los)lassen können – wunderbar, ein großer Erfolg. Wenn nicht, behalten Sie das Thema im Auge, aber zwingen Sie sich nicht. Der richtige Zeitpunkt kommt gewiss.

3. Essen Sie zuviel, wiegen Sie zuviel?
Ein voller Bauch studiert nicht gern, das wissen Sie. Der Körper hat zwei grundlegende Funktionen: eine auf Ruhe und Verdauung gerichtete und eine, die ihn bereit macht zu Aktivität (mehr dazu ab Seite 71). Nach einem schweren Mittagsmahl sollte man sich nicht zu Höchstleistungen zwingen (besser umgekehrt: Wenn Leistung verlangt ist, weniger essen!). Und wenn der Körper das Grundbedürfnis nach Ruhe und Verdauung hat, soll man ihn nicht mit dem Ziel konfrontieren, auf Leistung umzuschalten. Beides bringt nur Stress. Beides kann man lassen.

4. Können Sie entspannen?
Teilen Sie einmal Ihren Tagesablauf in Arbeit und Freizeit ein. Da kommen sicher viele Stunden heraus, in denen Sie nicht produktiv arbeiten, in denen Sie aber auch nicht entspannen. Freizeit ist für viele Menschen heute ja anstrengender als Arbeit. Doch entspannen können wir nur, wenn wir uns wirklich freie Zeit lassen. Freie Zeit ist Zeit, die wir einfach nur dahinrinnen lassen. Zeit, in der wir Gespräche ohne Zweck und Ziel führen. Oder in der Badewanne liegen, ohne wichtige Dinge im Kopf zu haben. Spazieren gehen, stehen bleiben, tief durchatmen, den Geruch der Umwelt spüren, die Sinne laufen lassen … Wie viel von solchen Stunden haben Sie heute gehabt? Wenigstens eine? Wenn nicht, dann ist Stress Ihr Thema.

Das waren einfache Fragen und aus ihnen folgen einfache Ratschläge. Zu einfache? Nein. Widerstehen Sie dem Impuls, alles neu, alles anders, alles besser machen zu wollen. Kämpfen Sie nicht gegen sich selbst! Das macht nur Stress. Fangen Sie mit den ganz einfachen Fragen und den ganz einfachen Lösungen an. Denn so läßt der Stress nach.

Einfache Stresskiller

Sorgen Sie für ausreichenden Schlaf: mindestens 50 Stunden in einer Woche.

Schränken Sie – nach Ihren Möglichkeiten – den Konsum von Alkohol und Nikotin ein.

Beachten Sie den natürlichen Rhythmus des Körpers in bezug auf Ruhe und Aktivität.

Gönnen Sie sich täglich mindestens eine Stunde Zeit zum Entspannen.

Die Stress-Reaktion: Stress wirkt wie eine Allergie

Wie es mir geht?
Das kann ich nicht sagen.
Ich spüre mich nicht.

(Selbsterkenntnis eines gestressten Menschen)

Dieses Buch soll Ihnen helfen, sich selbst (wieder) besser zu spüren. Alles andere ergibt sich dann von selbst. Fühlen Sie Ihren eigenen Stress? Stress liegt zum Beispiel vor, wenn man sagt: „Darauf bin ich allergisch" und dann nicht irgendwelche Hautausschläge meint, sondern „seelische Hautausschläge". Die neue Stressforschung zeigt nun tatsächlich: Stress wirkt wie eine Allergie. Hier ein Beispiel:

Sie haben sich vielleicht schon einmal darüber gewundert, warum ein ansonsten friedfertiger Mensch sich von einer Minute zur anderen völlig verwandelt. Gut gelaunt und relaxed steigt Ihr Partner ins Auto, und wenig später sitzt er mit hochrotem Kopf da, fluchend und schimpfend, er fährt aggressiv, hupt, überholt, bremst andere aus, zeigt den Vogel und den Mittelfinger, obwohl der Verkehr rollt wie immer. Was passiert hier? Eine typische Stress-Reaktion läuft ab – nur der gestresste Autofahrer merkt das selbst nicht, denn er empfindet, dass er völlig normal auf die Dummheit der anderen Autofahrer reagiert. Und Sie wären vom Verkehrsgeschehen völlig unberührt, wenn Ihr Partner am Steuer nur nicht immer gleich so aggressiv würde. Das wiederum bringt Sie „auf die Palme". Und damit haben wir die zweite Stress-Reaktion.

Stress wirkt wie eine Allergie

Wie bei einer Allergie können wir auch auf bestimmte Auslöser von Stress sensibilisiert werden. Wir zeigen dann in diesen Situationen, z.B. im Straßenverkehr, typisches Stress-Verhalten, unabhängig davon, ob die Situation tatsächlich „stressig" ist.

Was hat Stress mit Allergie zu tun?

Neue Stressforschungen an amerikanischen Universitäten und an der kanadischen McGill University, wo Hans Selye geforscht und gelehrt hat, zeigen, dass unser Körper – und unser Gehirn! – auf Stress ähnlich reagiert wie auf eine Allergie. Wie der Allergiker auf Pollen des Haselstrauches sensibilisiert ist, können wir auch auf andere Auslöser „sensibilisiert" werden. Auf Autofahrer, die wir für aggressiv halten. Oder auf Ehepartner am Steuer eines Autos – um beim gewählten Beispiel zu bleiben. Wie bei einer Allergie tritt auch die Stress-Reaktion meist nicht spontan auf. Lange Zeit sagen wir uns verständnisvoll, dass der schimpfende Ehepartner am Steuer schon seine Gründe haben wird. Nur wenn es gar zu arg wird, reagieren wir auf ihn. Irgendwann aber reichen geringste „Mengen" aus, um das gesamte Verhaltens-Programm auszulösen. Ein einziger

Autofahrer macht einen Fehler, und das ganze Programm der Stress-Reaktionen läuft beim „sensibilisierten" Menschen ab:

- ✘ Blutgefäße schnüren sich zusammen, das Herz schlägt schneller,
- ✘ Blutzucker wird ausgeschüttet, und
- ✘ die Atmung wird flacher.

Zusammengeschnürte Blutgefäße bei heftigem Herzschlag: Dies ist das physiologische Grundmuster eines Schlaganfalls oder eines Herzinfarktes. Unsere Blutgefäße können sich durch Einfluss des Gehirns und der Hormone so zusammenziehen, dass der Herzmuskel nicht mehr mit Blut versorgt wird.

Blutzucker wird ausgeschüttet: Dies ist das physiologische Grundmuster der Zuckerkrankheit: zu hoher Blutzucker. Stress steht in engem Zusammenhang mit Diabetes.

Stress-Symptome

Stress-Reaktionen zeigen sich nicht nur in psychischer Anspannung und Reizbarkeit, sondern beeinträchtigen auch unsere Gesundheit. Bei Stress ziehen sich die Blutgefäße zusammen, das Herz schlägt schneller und kräftiger, Blutzucker wird ausgeschüttet und die Atmung wird flacher. Langfristig können diese Symptome ernsthafte Krankheiten, wie z.B. Herzinfarkt, Schlaganfall, Diabetes oder Asthma-Erkrankungen auslösen.

Die Atmung wird flacher: Dies ist das physiologische Grundmuster der Asthma-Erkrankung. Dauer-gestresste Menschen haben häufig einen asthma-ähnlichen, schweren Atem. Und sie werden schon bei leichter Anstrengung kurzatmig – wie viele Herzkranke auch.

Unser Körper lernt die Stress-Reaktion

Fällt es Ihnen schwer, sich vorzustellen, dass Reaktionen des Körpers, des Gehirns, oder die Ausschüttung von Hormonen gelernt werden können, dass sie also nicht ein für alle Mal biologisch fest vorgegeben sind, sondern sich mit der Lebenserfahrung ändern? Vielleicht hilft Ihnen eine Alltags-Beobachtung. Wieder das Beispiel des Autofahrens: Sie können stundenlang unterwegs sein, ohne auf die Toilette zu müssen. Dann aber biegen Sie in die Straße ein, in der Sie wohnen, und ein unendlicher Druck auf die Blase ist urplötzlich spürbar. So als ob ein „primitives" Körperorgan wie die Blase gelernt hat: „Jetzt geht's gleich los!"

Nicht nur Adrenalin ist ein Stress-Hormon

Drei andere Hormone sind am Stressgeschehen ebenfalls beteiligt, Noradrenalin, Cortison und Dopamin – aber das ist für uns nicht so wesentlich. Wichtiger ist, dass ein Ausdruck wie „Stresshormon“ uns auf falsche Gedanken bringt. Adrenalin & Co. sind nämlich nicht nur bei Stress, sondern den ganzen Tag, 24 Stunden lang tätig – unser ganzes Leben lang. Gesteuert werden diese Hormone durch verschiedene Hirnzentren, vor allem durch den Hypothalamus, eine weintraubengroße Region im Hinterkopf ganz in der Nähe der Stelle, wo das Rückgrat mit dem Kopf verbunden ist. Dort liegen die wirklich „fundamentalen“, überlebenswichtigen Steuerungs-Zentren des Gehirns. Und von dort aus werden alle lebenswichtigen Vorgänge mitbestimmt:

- ✘ Hunger
- ✘ Durst
- ✘ Schlaf und Entspannung
- ✘ Aktivität und Aggressivität
- ✘ Sexualverhalten
- ✘ bei Frauen auch der Eisprung
- ✘ genauso: die Atmung.

Adrenalin & Co.: Routine für den Körper

Die „Stress-Hormone" Adrenalin, Noradrenalin, Cortison und Dopamin sind nicht nur bei Stress in Aktion, sie regeln unser biologisches Überleben, das tagtägliche Rund-um-die-Uhr-Funktionieren unseres Körpers ganz entscheidend mit. Alle lebenswichtigen Vorgänge in unserem Körper werden über diese Hormone gesteuert.

Todesursache Stress

Wir merken es nicht, wenn eine Stress-Reaktion sich aufbaut, dies geht „unbewusst“ und „lautlos“ vor sich. Bei einer – manchmal todbringenden – Stressreaktion laufen die selben Dinge in unserem Körper ab, die auch sonst ständig und „unbewusst“ passieren: Entspannung durch Schlaf, Blutdruck-Steigerung, Energie-Schub durch Erhöhung des Blutzuckerspiegels usw. Diese Körpervorgänge sind „primitiver“, und deshalb auch durchschlagskräftiger als die Dinge, die von der Großhirnrinde geregelt werden, in der sich all unsere vernünftigen Gedanken abspielen. Anders ausgedrückt: Unsere Vernunft ist deshalb gegenüber den „tieferen“ Hirnschichten weitgehend machtlos. Gefühle oder gar grundlegende Körperreaktionen können wir nicht bewußt steuern, und wir reagieren wie vernunftlose „Höhlenmenschen".

Biologische Mechanismen unseres Körpers

Vor allem bei Stress könnnen wir unsere negativen Körperreaktionen nicht durch unseren Willen beeinflussen. Wir können uns zwar vornehmen, „Jetzt atme einmal ruhig durch und zähle bis 10", aber sobald wir uns nicht mehr hundert-, sondern nur noch achtzigprozentig darauf konzentrieren, übernehmen die biologischen Mechanismen die Kontrolle.

Wer sich diese Zusammenhänge richtig klar macht, wird Respekt bekommen vor dem eigenen Körper – und auch vor dem Bedürfnis des Körpers nach pfleglichem Umgang. Im Zusammenhang mit Stress-Reaktionen sind die folgenden Punkte wissenswert:

1. Stress betrifft also nicht die absonderlich-absurde Situation, dass wir ab und an „wie die Höhlenmenschen" reagieren, sondern unsere alltäglichen Lebensvorgänge,
2. es gibt Menschen, die für Stress wie die Allergiker regelrecht „sensibilisiert" werden,
3. wir merken nicht, wann sich eine Stress-Reaktion in uns aufbaut,
4. Stress wird von „primitiven" Gehirnregionen gesteuert – unsere Vernunft oder unser Wille können hier nichts ausrichten, und
5. Stress-Reaktionen sind die verkleinerten, aber „maßstabgerechten" Modelle todbringender Krankheiten.

Gesundheitsrisiko Stress

Stress-Reaktionen sind die verkleinerten Modelle todbringender Krankheiten, die unser Körper – von uns unbemerkt – aufbaut. Gesteuert werden sie vom autonomen Nervensystem, das nicht durch unseren Willen beeinflussbar ist. Beeinflussen können wir nur unsere Lebensweise, damit es gar nicht so weit kommt.

Ob wir von unserer Persönlichkeit her ein „Stress-Typ" werden, hängt manchmal nicht nur von unserer eigenen Verantwortung ab. Es entscheidet sich oft durch Erfahrungen, die in der Kindheit oder anderen prägenden Lebenssituationen gemacht werden. Professor Lawrence hat beispielsweise Frauen mit „traumatischen" Erfahrungen untersucht: 20 mit einer eindeutig belegten Vergewaltigung in der Kindheit, 18 andere im Vergleich dazu, denen dieses Schicksal erspart geblieben ist. Er stellte fest, daß eine wichtige Hirnregion, der Hippocampus, eine Region, die für das Kurzzeitgedächtnis mit verantwortlich ist, bei den Opfern sexueller Gewalt kleiner als bei den anderen Frauen war. Und der Hippocampus, so Lawrence, wird durch dieselben Hormone aktiviert, die wir als „Stress-Hormone" mit dem nur halbrichtigen Namen belegen.

„Hier zeigen sich erste Hinweise," sagt der Yale-Mediziner, „dass Stress die Entwicklung des Körpers, das Wachstum von Teilen unseres Gehirns, beeinflussen kann." Endgültig nachgewiesen ist diese These noch nicht, aber Lawrence bekommt bislang keinen Widerspruch, sondern er gehört zu einer Gruppe moderner Stressforscher an verschiedenen Universitäten dieser Welt, die am wissenschaftlichen Nachweis dieser Theorie arbeiten.

Stress hemmt das Gehirnwachstum

Wissenschaftliche Untersuchungen belegen, dass bei Frauen, die in ihrer Jugend sexueller Gewalt ausgesetzt waren, bestimmte Teile des Gehirns, die vor allem für das Kurzzeitgedächtnis verantwortlich sind, weniger entwickelt sind, als bei Frauen, denen diese Erfahrung erspart geblieben ist.

Noch etwas hat die Stressforschung der jüngsten Zeit entdeckt: Stress „vergisst nicht". Lawrence Brass, Mediziner an der Yale University, hat bei amerikanischen Veteranen aus dem Zweiten Weltkrieg festgestellt, dass diejenigen, die in Kriegsgefangenschaft geraten waren – die also zusätzlich zum „normalen Soldat-Sein" besonderen Stress erlebt hatten – achtmal häufiger an einer stressverwandten Todesart, dem Schlaganfall, sterben als Veteranen, denen das Schicksal der mehr als 50 Jahre zurückliegenden Kriegsgefangenschaft erspart geblieben war.

Die kleinen „Irritationen" ernst nehmen

Die wissenschaftliche Stressforschung wurde von dem aus Ungarn nach Kanada emigrierten Professor Hans Selye begründet. Ein früher Erfolg war die Aufstellung jener Stress-Tabelle (siehe Seite 57), in der die großen Veränderungen des Lebens erfasst werden. Lange aber haben Stress-Forscher vermutet, dass es gar nicht einmal die großen, dramatischen Lebensereignisse sind, die uns stressen, sondern die vielen kleinen Alltags-Irritationen. Erst die Erforschung der Biochemie der Stress-Reaktion lässt uns verstehen, warum der Alltagsärger uns krank machen und letztlich umbringen kann: Unser Körper reagiert auf Stress-Auslöser wie der Allergiker auf den Haselstrauch-Pollen.

Stress: Gefahr im Alltag
Wissenschaftler haben herausgefunden, dass es meist nicht außergewöhnliche Lebensereignisse sind, die unsere Gesundheit schädigen. Die Summe kleiner Irritationen, denen wir im Alltag ständig ausgesetzt sind, sind bei den meisten Menschen für ihre permanente Überforderung verantwortlich.

Ohne Stress gegen Stress im Alltag

Um dem Stress im Alltag zu begegnen, müssen Sie nicht Ihr Leben ändern. Hier sind einige einfache, aber bewährte Übungen gegen Stress. Sie kosten keine Anstrengung und wirken sofort.

Mini-Yoga: Setzen Sie sich irgendwo hin, auf einen Stuhl oder im Schneidersitz. Machen Sie runde Schultern – oder sitzen Sie so gerade als ob Sie ein Lineal verschluckt hätten (aber nur, wenn es ohne Anstrengung geht). Lassen Sie die Arme sinken. Ihre Hände ruhen auf Ihren Oberschenkeln, Handflächen nach oben. Wenn Sie auf einem Stuhl sitzen: Strecken Sie die Füße so weit aus, dass sie nur noch mit den Hacken aufliegen. Lassen Sie die Füße sich nach außen drehen. Lassen Sie Ihr Kinn fallen. Aus Armen, Schultern, Beinen und dem besonders stress-gefährdeten Unterkiefer („beiß' die Zähne zusammen", sagt man) sollte jetzt die Anspannung weichen. Schließen Sie die Augen und atmen Sie einfach einige Minuten tief durch.

Schrecksekunde: Atmen Sie tief ein und halten Sie den Atem für ein paar Sekunden an – genau, wie Sie es in einer Schrecksekunde machen. Und genauso lassen Sie dann den Atem ganz, ganz langsam heraus. Stellen Sie sich dabei vor (sagen Sie es sich regelrecht), dass alle Spannung aus Ihrem Körper entweicht.

Stress im Alltag: kurze Auszeit wirkt Wunder
Einige einfache Übungen helfen Ihnen, den stressigen Alltag unbeschadet zu überstehen. Gönnen Sie sich eine Pause, eventuell mit Mini-Yoga, „Schrecksekunde" oder Nichtstun. Das wird Sie entspannen. Und verzichten Sie auf Kaffee, Süßes oder Alkohol.

Stress-Allergien erkennen: Nehmen Sie ein Blatt Papier und schreiben Sie einfach hin, auf welche Situationen Sie „allergisch" reagieren. Das gibt Ihnen ein Frühwarn-System vor der Stress-Reaktion. Sie können sich darauf einstellen, „dass Sie vermutlich bald schon explodieren" – etwa, wenn Sie zu einem aggressiven Menschen ins Auto steigen.

Nichts tun: Reservieren Sie 20 Minuten pro Tag, in denen Sie nichts tun. Im Wortsinne: nichts. Was immer Ihnen einfällt: Tun Sie es einfach nicht. Das ist sehr gute geistige Entspannung

Nicht rauchen, nicht trinken, nicht essen: Die meisten Menschen rauchen, trinken oder essen, wenn sie Stress haben. Aber: Kaffee ist ein Stimulans, er wird Sie noch mehr aufregen, und Süßigkeiten liegen schwer im Magen. Ihr Magen – der ja vom Stress bereits in Mitleidenschaft gezogen wird – muss zur Verdauung also jetzt noch einmal Überstunden machen. Auch Alkohol ist so belastend, dass der Magen ihn bei zu großen Mengen wieder von sich gibt.

Gott gab uns die Zeit. Aber wir haben daraus die Zeitknappheit gemacht

Der Weise macht sich nicht verrückt
mit Veränderungen in seinem Leben.

(Sprichwort)

Zeit-Management gegen die tägliche Hetze

Stress wird uns am ehesten bewusst, wenn uns die Zeit knapp wird. Wenige Tipps helfen, aus der Hetze herauszukommen. Auf richtiges Zeit-Management kommt es an – nicht nur, wenn man selbst Manager ist. Das folgende Beispiel soll dies veranschaulichen:

Jochen Weitmann, Jurist, 48 Jahre alt, war an diesem Abend total geschafft. Lisa, seine 10 Jahre jüngere Ehefrau, Journalistin, ebenfalls. Den ganzen Tag sind beide aktiv gewesen. Aber als sie sich erzählen wollen, was sie alles getan haben und wovon sie so kaputt sind, fällt es ihnen nicht ein. Das Telefon klingelt, Lisas Vater, Anfang 70 und pensioniert, ist am Apparat. Er hört sich die Klage der beiden an und sagt: „Lacht einen alten Mann nicht aus – ich habe ja keine Pflichten mehr wie ihr, aber bei mir war es heute genauso." Drei Menschen „auf der Suche nach der verlorenen Zeit".

Glaubt man den Experten für Zeitplanung, dann fehlt diesen drei Menschen das richtige „Zeit-Management". Warum waren sie gehetzt – und wussten nicht, wovon? Sie sind in drei typische „Zeitfallen" geraten.

- ✘ Zeitfalle Nr. 1: Uns wird Zeit regelrecht gestohlen. Jurist Jochen hatte zwei wichtige Mandanten bei sich gehabt, die aktuelle Rechtsprobleme mit ihm diskutieren wollten. Dann aber kam man aufs Private und schließlich auf politische Tagesfragen. Und Jochen kam ins Plaudern.
- ✘ Zeitfalle Nr. 2: Wir lassen uns die Zeit „zerstückeln". Lisa, die Journalistin, muss jeden Tag vielleicht 30 Telefonate und 30 Kurzgespräche mit Kollegen führen. So ist das bei der Zeitung. Dazwischen aber gibt es Leerlauf: Minuten und Viertelstunden, die sich über den Tag zu zwei Stunden summieren. Lisa hätte in diesen zwei Stunden einen ganzen Beitrag zusätzlich schreiben können – wenn sie die zwei Stunden „am Stück" gehabt hätte.
- ✘ Zeitfalle Nr. 3: Wir setzen uns keine Prioritäten. Lisas Vater hatte drei Dinge zu tun: etwas Hausarbeit, einen unangenehmen Brief schreiben und die Benzinpumpe am Auto auswechseln. Alles war wichtig, zu allem hat er aber keine Lust gehabt. Er hatte mehr Lust, einen Plan zu machen, wie die Wohnung im nächsten Herbst renoviert werden sollte.

Wie würden Zeit-Management-Experten die Probleme der Drei lösen? Hier die Tipps gegen die Zeitfallen:

Vorsicht Zeitfalle!
Jagen Sie ständig Ihren Verpflichtungen hinterher und fühlen sich gehetzt, wissen aber nicht, warum? Dann sind Sie vermutlich in eine Zeitfalle geraten. Dagegen hilft: erst die Zeitdiebe finden und sie dann dingfest machen.

- ✘ Menschen sind die größten Zeitdiebe. Jochen müsste sich vor jedem Gespräch überlegen: „Wie werde ich Besucher wieder los?" um aus dem größten Zeitdruck herauszukommen.
- ✘ Lisa könnte neben normaler Redaktionsarbeit Beiträge schreiben, wenn sie „Zeit am Stück" findet. Die gibt es in jenen Stunden, in denen sie nicht zwingend für Kollegen erreichbar sein muss – bei der Tageszeitung sind das oft die Stunden zwischen 12 und 15 Uhr, wenn die Tagesarbeit verteilt ist, wenn man aber noch wartet, wie sich die Tagesereignisse entwickeln.
- ✘ Lisas Vater müsste die einfachste und wichtigste aller Regeln des Zeit-Management befolgen: Prioritäten setzen. Im Klartext heißt das, dass man jeden Tag auf ein Blatt Papier schreiben sollte, was zu tun ist. Man schreibt dann Zahlen davor – die „1" für das Wichtigste usw. Man fängt bei „1" mit dem Abarbeiten der Liste an. Egal, wieviel dann tatsächlich erledigt ist: Man stellt sicher, dass zumindest das Wichtigste getan wird.

Mit Zeit-Management gegen Zeitfallen
Meist gehen wir nicht bewusst mit unserer Zeit um, strukturieren selten unseren Tagesablauf. Ein vernünftiges Zeit-Management ist aber der einzige Weg, sich Freiräume zu verschaffen, unsere Lebenszeit aktiv zu gestalten.

Wir alle gehen zu unbedacht mit unserer Zeit um

Warum ist richtiges „Zeit-Management" eigentlich so wichtig? Wir denken über Zeit meist nicht nach, sondern nehmen die Aufgaben so, wie sie auf uns zukommen. Wir bemühen uns, keine Zeit zu verschwenden – „Zeit ist Geld" sagen wir uns. Aber dieser „typisch amerikanische" Satz verschleiert mehr über die Zeit als er uns sagt.

Dies „Time is Money" ist in den USA seit dem 17. Jahrhundert geläufig, geht aber auf das Wort „Zeit ist eine kostbare Gabe" des griechischen Philosophen Theophrast (327-287 v. Chr.) zurück. „Zeit ist Geld" ist nämlich eine Halbwahrheit – am besten passt der Satz noch beim Telefonieren, bei Ferngesprächen. Ansonsten aber sind Zeit und Geld wie Feuer und Wasser, denn:

Zeit ist Geld! Wirklich?

Dieses Sprichwort ist jedem von uns bekannt. Doch ist es nur die Halbwahrheit. Denn Zeit und Geld sind ganz verschieden: Zeit kann man nicht kaufen, für jeden Menschen hat der Tag 24 Stunden. Und vor allem: Verlorene Zeit ist unwiederbringlich vergangen.

- ✘ Das einzige, was man auf der Welt nicht kaufen, nicht mieten, nicht pachten oder sonstwie für Geld erwerben kann, ist Zeit.
- ✘ Zeit hat auch keinen Preis. Man bekommt sie gratis. Und jeder bekommt gleich viel, 24 Stunden pro Tag. Und gleich, wieviel man bereit wäre, dafür zu zahlen: Niemand kann sich einen 25-Stunden-Tag kaufen.
- ✘ Zeit ist zudem eine leicht verderbliche Ware. Sie kann nicht konserviert werden. Zeit die vergangen ist, ist unwiederbringbar verloren.
- ✘ Zeit gehorcht eben nicht dem Gesetz von Angebot und Nachfrage, das ansonsten die Marktwirtschaft regiert. Gleich wie hoch die Nachfrage nach unserer Zeit ist, das Angebot steigt nicht. Unser Tag hat nie mehr als 24 Stunden.
- ✘ Und nicht einmal für die Wirtschaft stimmt der Satz „Zeit ist Geld". Verlorenes Geld kann man zur Not ersetzen – durch einen Bankkredit zum Beispiel. Verlorene Zeit ersetzt einem niemand.

Nichts, sagt deshalb der Unternehmensberater Professor Peter F. Drucker, unterscheidet einen erfolgreichen Menschen stärker von einem weniger erfolgreichen, als seine liebende Fürsorge für die Zeit. Erfolgreiche Menschen wissen, wie sie ihre Zeit verbringen. Druckers wichtiger Tipp lautet deshalb: Seien Sie nicht effizient, sondern effektiv. Das ist kein Wortspiel. Effizient sein heißt, die Dinge richtig machen. Effektiv sein heißt dagegen: die richtigen Dinge machen. Gutes Zeit-Management heißt deshalb zu allererst: überlegen, was ich überhaupt tun muss. Gerade ordentliche Menschen haben hier ein Problem, weil sie nicht erkennen, dass sie viele Dinge, die sie da ordentlich erledigen, eigentlich überhaupt nicht machen sollten.

Nicht Effizienz, sondern Effektivität

Erfolgreiche Menschen zeichnen sich vor allem durch einen bewußten Umgang mit ihrer Zeit aus. Dabei ist es weniger wichtig, effizient zu sein, d.h. Aufgaben richtig zu erledigen. Entscheidend ist die Effektivität: Sie müssen die richtigen Dinge tun.

Haben Sie Zeit? Was ist Zeit? Können Sie Zeit definieren?

Ein Afrikaner hat einmal gesagt: „Gott hat den Schwarzen die Zeit gegeben und den Weißen die Uhr.“ Gar nicht dumm. Oder? Wir „klugen Weißen“ leben nach der Uhr. Wir hetzen nach der Uhr. Aber sind wir deshalb glücklich? Nein. Sonst könnte die Freizeit-Industrie, die in harten Stress-Zeiten besonders boomt, ja nicht damit werben, dass endlich der Zeit-Stress von uns genommen wird. Und wo wird er uns genommen? Meist in jenen Regionen der Erde, in denen die Menschen dunkelhäutiger sind als wir.

Warum geraten wir in Zeit-Stress?

Jeder kann die Uhr lesen, kann mit einem Kalender umgehen, kann einen Terminkalender führen. Aber wenn wir wissen sollen, was Zeit wirklich ist, hilft uns kein Blick auf die Uhr oder auf den Kalender. Die objektive Zeit, die „an den Wegstrecken der Himmelskörper gemessen wird“, ist für uns weniger bedeutend als die subjektive Zeit. Was soll man darunter verstehen? „Wenn Sie sich bei Tagträumereien ertappen,“ sagt der Zeitmanagement-Experte Dr. Alan Lakein, der große Unternehmen wie IBM und AT&T berät, „folgen Sie den Träumen.“ So kommt man auf tiefere Einsichten und neue Ideen. Und 20 Minuten Tagträumen schenken uns zudem geistige Frische für den Rest des Tages. Sie sind alles andere als verlorene Zeit.

Als besonders verwerflich wird heute das Träumen angesehen, denn wenn nichts getan wird, gilt das als „vertane“ Zeit. „Steh nicht nur rum. Tu was“ – lautet deshalb eine zweite Regel aus dem Time-is-Money-Land, „Don't just stand there. Do something.“ Diese kleine Lebensweisheit hängt als Schild über vielen Millionen Arbeitsplätzen, in Schulen und auch in Küchen – als kleine Ermahnung an Arbeitnehmer, Kinder, aber auch an sich selbst, ständig aktiv zu sein und anzupacken. Daniel Berrigan, katholischer Priester in den USA, und in

Bewährte Weisheit

Der Mensch muss Vergangenes, Gegenwärtiges und Zukünftiges erleben, sagte bereits der Heilige Augustinus. Ohne Zeit – in der erlebt, empfunden, gedacht, getan wird – gibt es kein Sein. Erleben und Empfinden aber kann man nicht mit der Stoppuhr. „Jedes Ding hat seine Zeit“, schreibt der Prediger Salomo. Und auch das Träumen gehört dazu.

den 60er Jahren zusammen mit seinem Bruder, ebenfalls Priester, einer der großen Kritiker des „American way of life" hat den „Tu was"-Satz einmal auf den Kopf gestellt: „Don't just do something. Stand there" („Tu nicht einfach nur was. Stehe ..."). Stehe, schaue, empfinde, erlebe, frage dich: Ist das, was ich tue und was sonst noch passiert, wirklich das, was ich will und was Gott will?

Glück heißt: die Zeit vergessen

Ist es schon wahres Menschsein, wenn wir die Zeit füllen, damit sie nicht vertan wird? Sicher nicht – denn es gibt einen großen Unterschied zwischen einfach nur „Sein" und „Glücklich-Sein". Glück hat etwas mit der Aufhebung von Zeit zu tun. Mit dem Gefühl, dass die Zeit stillsteht. Das lernen wir von den großen Dichtern. „Es war die Nachtigall und nicht die Lerche", hoffen Romeo und Julia, als sie den Ruf eines Vogels hören und sich wünschen, dass es eben nicht die Lerche ist, die den herannahenden Morgen ankündigt.

Das Herausbrechen aus dem Strom der Zeit rät auch ein berühmtes Wort des italienischen Nationaldichters, Dante Alighieri. In seiner „Göttlichen Komödie" steht über dem Eingang zum Fegefeuer geschrieben: „Wanderer trittst du hier ein, lass' alle Hoffnung fahren". Ein tröstliches Wort. Es bedeutet: Klammere dich nicht an die Zukunft. Denn wirkliches Leben findet in der Gegenwart statt, im „Hier und Jetzt", wie die Psychologen es heute gern nennen. Wer auf die Zukunft hofft, gerät nur zu leicht ins Nachdenken und Grübeln.

Glück – so scheint es – hat etwas mit der „Befreiung aus dem Gestern und Morgen" zu tun. Buddhisten sprechen vom Nirwana als dem Ziel des Lebens: einem „Ort für die Seele", an dem die Zeit aufgehoben worden ist. Wer „in der Vergangenheit hängt", mag sich viel einbilden auf seine Erfahrungen. Aber auch sie können uns vom tatsächlichen Leben, das immer nur „hier und jetzt" stattfindet, entfremden. Unser Leben kann ein „von der Last der Vergangenheit erdrücktes, sinnlos gewordenes Dasein" werden, wie Kröners Philosophisches Wörterbuch dies nennt.

Teilnehmen an der Zeit

Das ist der beste Rat für Sinn und Glück. Manchmal muss man auf Erfahrung zurückgreifen, manchmal muss man auf bessere Zeiten hoffen. Aber Sinn und Glück findet man nicht durch noch so geschickte Zeit-Management-Tricks, sondern nur, indem man „in die Zeit eintaucht".

Die wichtigsten „Zeit-Diebe"

Richtiges Zeit-Management ist eine wichtige Voraussetzung, sich von den Anforderungen des Alltags nicht stressen zu lassen. Genau besehen stehlen wir uns nämlich oft selbst die Zeit. Hier sind die wichtigsten Fallen, in die wir immer wieder geraten:

- ✘ Mit der Arbeit nicht fertig werden: Viel zu tun zu haben, keine Zeit zu haben, ist ein Statussymbol. „Mensch, muss ich wichtig sein, wenn ich so viel mehr arbeite als die Anderen", dieser Satz umschmeichelt unser Selbstbewusstsein.

Wir sind Ur-Menschen und Uhr-Menschen

Wer gut mit seiner Zeit umgeht, weiß zwei Dinge: Wir sind Uhr-Menschen. Unsere Zeit ist geregelt, kontrolliert. Und wir müssen uns oft an die Vorgaben halten. Zugleich sind wir aber auch Ur-Menschen. Unser Unterbewusstsein, unsere Gefühle, unsere Lust und Unlust spielen uns die merkwürdigsten Streiche, wenn wir versuchen, allein nach der Uhr und Kalender zu leben. Gutes Zeit-Management ist ein Ausgleich zwischen Ur-Kräften und Uhr-Kräften.

- ✘ Arbeits-Sucht: Arbeitssüchtige haben niemals Zeit. Sie können nicht genießen, und sie wissen nicht, was Privatleben ist. Deshalb mauern sie sich in Pflichten ein.
- ✘ Überflüssige Anwesenheit: „Komme zu früh, gehe zu spät, und sorge dafür, dass Dein Chef es merkt", so lautet eine bekannte und leider sehr Zeit raubende Karriereregel. Chefs nutzen so etwas gerne aus und stehlen Ihnen die Zeit.
- ✘ „Gesellige" Vorgesetzte und Kollegen: Das sind Menschen, die selbst kein Privatleben haben. Sie verführen uns zum „Dableiben". Bei ihnen passiert das Wichtige immer dann, wenn der Feierabend „droht".
- ✘ Alles selbst machen: Wer sich um alles selbst kümmert, ist ständig in Zeitnöten. Man muss Mut haben andere Menschen an ihre Pflichten zu erinnern: die eigenen Kinder zum Beispiel. Und man muss ihnen nicht alles nachräumen.
- ✘ Nicht Nein sagen können: Das ist das große Problem aller Hilfsbereiten. Gerade Frauen opfern sich oft für andere auf und lassen ihre eigene Arbeit liegen. Die Folge: Zeitstress.
- ✘ Leben nach dem Lustprinzip: Wir machen zuerst das Angenehme. Und für das Unangenehme ist man dann zu müde. Das aber macht uns Stress durch ein schlechtes Gewissen.

- ✘ Schlechte Arbeitsorganisation: Viele Menschen können nicht organisieren – nicht ihren eigenen Schreibtisch, nicht ihre eigene Zeit. Der beste Tipp: Suchen Sie sich jemand, der das für sie macht, und der Sie überwacht (bei Chefs ist dies meist die Sekretärin).
- ✘ Unterbrechungen: Gerade wenn man seine Zeit am nötigsten braucht, platzt irgend jemand herein mit einer interessanten Geschichte oder einer dummen Frage. Und man selbst ist zu feige, den „Unterbrecher" zu unterbrechen.
- ✘ Zu viele Besprechungen: Besprechungen müssen sein, im Arbeitsleben wie auch Zuhause. Aber zu oft wird aneinander vorbeigeredet, weil jeder sich selbst am liebsten hört. Das kostet Zeit. Wer sie sparen will, redet nicht selbst, sondern hört den anderen zu und fasst dann das Wichtigste zusammen.
- ✘ Mehrere Dinge gleichzeitig tun: Wir sind nicht Cäsar. Wir sollten eine Sache fertigmachen und dann erst die nächste anpacken. Sonst pendeln wir zwischen mehreren Aufgaben hin und her. Das gibt uns den Eindruck, superaktiv zu sein. In Wirklichkeit leisten wir aber weniger als wir könnten.
- ✘ Telefon: Durch Telefonate wird man aus der eigenen Arbeit herausgerissen, reißt andere Leute aus ihrer Arbeit heraus. Jeder, der etwas leistet, muß dafür sorgen, einige Zeit am Tag nicht erreichbar zu sein.
- ✘ Ermüdung: Manchmal ist man einfach zu müde, mit einer Arbeit aufzuhören. Man macht weiter, aber es kommt dabei nichts heraus, was Bestand hat.

Tipps für erfolgversprechende Zeitpläne

Um die eigene Zeit besser einteilen zu können, ist es am besten, Sie machen sich erst einmal klar, welche Anforderungen Sie erfüllen müssen, welche Dinge Ihnen wichtig sind, und wie viel Zeit Sie dafür benötigen. Hier einige Tipps, wie Sie Ihre Zeitplanung in den Griff kriegen:

- ✘ 1. Ihre Zeit ist weitgehend nicht frei planbar. Äußere Faktoren bestimmen meist, was Sie zu einem bestimmten Zeitpunkt tun müssen. Finden Sie deshalb zuallererst die Stunden und die Tätigkeiten heraus, über die Sie tatsächlich selbst verfügen können.
- ✘ 2. Verplanen Sie nicht jede Minute. Dann kostet das Planen selbst zu viel Zeit. Und niemand kann in die Zukunft blicken. Werden solche „perfekten" Pläne umgestoßen, muss man wieder viel planen und verliert wieder Zeit.
- ✘ 3. Für viele Menschen reicht es schon aufzuschreiben, welche unangenehmen Dinge sie heute tun müssen. Dann werden diese nicht mehr so oft verdrängt.

✘ 4. Die beste Zeitplanung ist die, für die man kein Papier braucht, sondern eine, die man im Kopf hat. Eine Tages-Ordnung, ein Rhythmus, an den man sich hält, ist am besten. Wer die unangenehmen Dinge zu einer bestimmten Zeit macht – ohne groß darüber nachzudenken – macht sie eben auch.

✘ 5. Prioritäten setzen. Es gibt einfach immer wieder Dinge, die erledigt werden müssen. Bei allem Verständnis für Ihre Psyche und die dabei auftretenden Unlustgefühle: Irgendwann müssen Sie es sowieso machen, und diese Sachen sollte man sich, so schnell es irgend geht, vom Hals schaffen.

✘ 6. Schaffen Sie sich „Zeit am Stück". Achten Sie darauf, dass Sie nicht die ganze Zeit in kleine Portionen aufteilen: zumindest einen Nachmittag pro Woche, die erste Stunde des Arbeitstages, ein Wochenende, eine Nacht im Monat sollten Sie ganz für sich und ungestört sein.

✘ 7. Konzentrieren Sie sich auf die wesentlichen Dinge: Wenn Sie Ihre Aufmerksamkeit nämlich zu breit verteilen, wird Ihre Arbeitskraft zu „dünn".

✘ 8. Wenn Sie einen Terminkalender führen, tragen Sie zuerst die Zeit ein, die Sie für Ihren Routinekram brauchen. Dann multiplizieren Sie diese Zeit mit zwei, weil Menschen in aller Regel den dafür notwendigen Zeitaufwand unterschätzen. Dann tragen Sie ein, wann Sie mit Menschen zusammen sind (Konferenzen, Besprechungen, Anrufe etc.). Multiplizieren Sie diese Zeit mit drei („Menschenzeit" ist immer länger als man denkt). Und wenn dann noch Zeit übrig ist, tragen Sie die wichtigen und großen Dinge ein. Wenn die nicht mehr reinpassen, müssen Sie entweder Ihre Prioritäten ändern und neu definieren, was wichtig ist oder die Arbeit und Ihre Kontakte mit Menschen reduzieren.

Sind Sie so gestresst, wie Sie sich fühlen?

Als „Hamster im Laufrad" fühlen sich die meisten Menschen: ohne Kontrolle über ihre Zeit. Dass das Gefühl, gestresst zu sein, weit verbreitet ist, lässt sich durch viele Umfragen belegen. Aber ist dies Gefühl berechtigt? Nach Statistiken der New University of Maryland verteilen sich die 168 Stunden einer Woche durchschnittlich auf folgende Bereiche:

Zeitaufwand (in Wochenstunden)	Tätigkeit
74	Essen, Schlafen, Anziehen, Ausziehen, Waschen, Körperpflege
37	Arbeit
15	Fernsehen
10	Teilnahme am Straßenverkehr
6	Einkaufen
4,7	Besuche machen
4,5	Kochen
4,3	Reden
3,8	Aufräumen
2,8	Lesen
2,2	Sport, spazieren gehen
1,7	Rechnungen bezahlen
1	im Garten arbeiten/sich um Haustiere kümmern
1	Nachdenken und Entspannen

Bei einem Fernsehkonsum von 15 Stunden – kann man da wirklich zu wenig Zeit haben? Nein. Was dieser Mensch vermutlich hat ist zu viel Stress. Ein Zeitprotokoll ist meist ein heilsamer Schock für jeden, der sich gestresst fühlt, wenn er sieht, wie er seine Stunden tatsächlich verbracht hat.

Zeitprotokolle verschaffen überraschende Einblicke: Zwei amerikanische Soziologen, John P. Robinson und Geoffrey Godbey, haben ab 1965 bis heute bei Versuchsgruppen systematisch Zeitprotokolle erhoben. Cross-Checks ergaben, dass Menschen, die 55 Stunden in der Woche gearbeitet haben, nach bestem Wissen und Gewissen 80 Arbeitsstunden angegeben haben.

Ein paar Tests: Wer hier keine Stress-Punkte kriegt, schummelt

Karriere ist ein Pferd, das ohne Reiter
vor dem Tor der Ewigkeit anlangt.

(Karl Kraus)

Stress wird durch Veränderungen im Leben hervorgerufen. Meist werden wir von diesen Veränderungen negativ berührt, längst aber nicht immer. Auch erfreuliche Ereignisse können Stress erzeugen. In diesem Kapitel haben wir einige Stress-Tests zusammengetragen. Sie sollen Ihnen helfen, Ihre Stress-Bereitschaft und damit sich selbst etwas besser einzuschätzen.

Um zu erfassen, unter wieviel Stress ein Mensch steht, hat der Psychiatrie-Professor Dr. Thomas Holmes in Zusammenarbeit mit seinem Schüler Richard Rahe an der University of Washington eine Liste mit häufigen Stress-Faktoren zusammengestellt. Diesen „Klassiker“ unter den Stress-Tests kennen Sie vielleicht schon. 100 Punkte, die höchste Zahl, erhält jemand, dessen Leben sich durch den Tod des Ehepartners verändert. Eine Heirat bringt immerhin noch 50 Stresspunkte (Rangplatz 7 – die Rangplätze stehen jeweils links vor den Begriffen), gleich darauf folgt mit 47 Punkten der Verlust des Arbeitsplatzes. Veränderungen der finanziellen Lage, gleich ob positiv oder negativ (hier kämen auch gravierende Inflationsverluste als Stress-Faktoren zum Tragen) stehen auf Rangplatz 16 (38 Punkte). Meist leiden wir nicht nur unter einem einzigen Stressfaktor; die Stresspunkte, die ein Mensch auf der Tabelle bekommt, werden deshalb addiert.

Stress-Tests – Checken Sie sich selbst

Um herauszufinden, ob Sie unter Stress stehen oder ein Stress-Typ sind, können Sie entsprechende Tests machen. In der von Thomas Holmes und Richard Rahe entwickelten Liste von Stress-Faktoren können Sie beispielsweise an Ihrer Punktezahl ablesen, wie anstrengend Ihr Leben im Augenblick verläuft. Der Fragebogen von C. L. Cooper dagegen vermittelt Ihnen Erkenntnisse über Ihr Stressverhalten. Und Ihre Bereitschaft zu ärgerlich-aggressiven Reaktionen ist Thema des von Charles Spielberger konzipierten Tests.

Stress-Faktoren nach Holmes/Rahe

Bitte kreuzen Sie in der nebenstehenden Tabelle an, ob eine der folgenden 43 Lebenssituationen momentan für Sie zutrifft.

Mit Hilfe dieser Tabelle konnten Holmes und Rahe nachweisen, dass 80 Prozent der Menschen, die mehr als 300 Punkte auf der Tabelle erreichen, und mehr als die Hälfte der Menschen mit Werten zwischen 150 und 300 Punkten innerhalb von zwei Jahren schwere depressive Verstimmungen oder körperliche Krankheiten bekommen.

Nr.	Situation	Punkte
1	❍ Tod des Ehepartners	100
2	❍ Scheidung	73
3	❍ Trennung vom Ehepartner	65
4	❍ Gefängnisaufenthalt	63
5	❍ Tod eines nahen Angehörigen	63
6	❍ Eigene Verletzung oder Krankheit	53
7	❍ Heirat	50
8	❍ Verlust des Arbeitsplatzes	47
9	❍ Versöhnung mit dem Ehepartner	45
10	❍ Ruhestand	45
11	❍ Änderung des Gesundheitszustandes eines Familienmitgliedes	44
12	❍ Schwangerschaft	40
13	❍ Sexuelle Schwierigkeiten	39
14	❍ Hinzukommen eines neuen Familienmitgliedes	39
15	❍ Geschäftliche Umorganisation	39
16	❍ Veränderte finanzielle Lage	38
17	❍ Tod eines nahen Freundes	37
18	❍ Wechsel des beruflichen Aufgabenbereichs	36
19	❍ Änderung in der Häufigkeit von Auseinandersetzungen mit dem Ehepartner	35
20	❍ Darlehen von mehr als 20 000 DM	31
21	❍ Kündigung einer Hypothek oder eines Darlehens	30
22	❍ Veränderte Verantwortlichkeit im Beruf	29
23	❍ Sohn oder Tochter verlassen das Elternhaus	29
24	❍ Ärger mit angeheirateten Verwandten	29
25	❍ Besondere persönliche Leistungen	28
26	❍ Ehefrau beginnt oder beendet Berufstätigkeit	26
27	❍ Beginn oder Ende der Schulausbildung	26
28	❍ Veränderte Lebensumstände	25
29	❍ Änderung persönlicher Gewohnheiten	24
30	❍ Ärger mit dem Vorgesetzten	23
31	❍ Veränderte Arbeitszeiten oder Arbeitsbedingungen	20
32	❍ Wohnungswechsel	20
33	❍ Schulwechsel	20
34	❍ Veränderte Freizeitgestaltung	19
35	❍ Veränderte Aktivitäten im kirchlichen Bereich	19
36	❍ Veränderte Aktivitäten im gesellschaftlichen Bereich	18
37	❍ Darlehen von weniger als 20 000 DM	17
38	❍ Änderung der Schlafgewohnheiten	16
39	❍ Veränderte Häufigkeit familiärer Zusammenkünfte	15
40	❍ Veränderte Essgewohnheiten	15
41	❍ Urlaub	13
42	❍ Weihnachten	12
43	❍ Geringfügige Gesetzesübertretungen	11

Falls Sie mit dieser Tabelle Ihre momentane Stressbelastung erfassen wollen, sollten Sie allerdings im Auge behalten, dass es sich dabei nur um relativ grobe Anhaltswerte handelt.

Sind Sie ein Typ-A?

Sicher kennen Sie auch die Beschreibung der Typ-A-Persönlichkeit. Der Typ-A ist ein Gestresster, ein Hektiker, ein Mensch wie ein Dampfdrucktopf, der irgendwann explodieren kann. Der dieser Beschreibung zugrundeliegende Test wurde von dem englischen Stress-Forscher C. L. Cooper entwickelt und ist neuer und kürzer als der von Holmes und Rahe. Wieder können Sie für sich herausfinden, wie stressgefährdet Ihr Leben ist. Bitte machen Sie zuerst um die Zahl in nebenstehender Tabelle einen Kreis, die Ihrer Meinung nach Ihr eigenes Verhalten am ehesten repräsentiert. Je größer die Ziffer, desto zutreffender die Beschreibung.

In diesem Test erhält man einen hohen Typ-A-Wert, wenn man bei den Punkten 2, 5, 7, 11, 13 und 14 die Zahlen auf der rechten Seite der Skala anstreicht und bei den Punkten 1, 3, 4, 6, 8, 9, 10 und 12 die auf der linken Seite.

Bei der Auswertung des Tests gibt man sich bei den Punkten 1, 3, 4, 6, 8, 9, 10 und 12 den Wert 10, wenn man die Zahl 5 auf der linken Seite angestrichen hat, den Wert 9 für die Zahl 4 und so weiter bis zum Wert 0, wenn man die Zahl 5 auf der rechten Seite angestrichen hat. Für die übrigen Punkte (2, 5, 7, 11, 13 und 14) wird die Berechnung umgekehrt durchgeführt, das heißt, man gibt sich den Wert 0 für die Zahl 5 auf der linken Seite, 1 für Zahl 4 und so weiter bis zur Zahl 5 auf der rechten Seite, die den Wert 10 erhält.

Man addiert alle Werte zu einem Gesamtwert, der minimal 0 und maximal 140 sein kann. Je höher der Wert, um so ausgeprägter ist das Typ-A-Verhalten (näher beschrieben am Kapitel-Ende). Nimmt man sich die 14 Punkte einzeln vor, so wird einem deutlich, welche spezifischen Typ-A-Verhaltensweisen man zeigt.

Im Wissen um den Ausprägungsgrad der „krankhaften“ Hektik und der einzelnen daran beteiligten Verhaltensweisen sollte der erste Schritt bei der Veränderung oder Regulierung des eigenen inneren Stresses liegen. Der Cooper-Test unterscheidet sich von dem von Holmes und Rahe in einem wesentlichen Punkt: Er führt nicht mehr Lebenssituationen auf (die meistens unveränderbar sind), sondern beschäftigt sich direkt mit unserem Verhalten, und darin liegt eine Chance. Picken Sie sich all die Testfragen heraus,

1.	Nie zu spät	5 4 3 2 1 0 1 2 3 4 5	Nachlässig mit Terminen
2.	Wenig wettbewerbsorientiert	5 4 3 2 1 0 1 2 3 4 5	Stark wettbewerbsorientiert
3.	Nimmt vorweg, was andere sagen wollen(nickt, unterbricht, beendet Sätze für andere)	5 4 3 2 1 0 1 2 3 4 5	Guter Zuhörer
4.	Immer in Eile	5 4 3 2 1 0 1 2 3 4 5	Fühlt sich nie gehetzt
5.	Kann geduldig warten	5 4 3 2 1 0 1 2 3 4 5	Ungeduldig während des Wartens
6.	Strengt sich sehr an	5 4 3 2 1 0 1 2 3 4 5	Ist lässig
7.	Macht eines nach dem anderen	5 4 3 2 1 0 1 2 3 4 5	Versucht vieles gleichzeitig zu tun; beschäftigt sich in Gedanken damit, was als Nächstes zu tun ist
8.	Spricht mit Nachdruck) (trommelt vielleicht auf den Tisch	5 4 3 2 1 0 1 2 3 4 5	Langsamer, bedächtiger Redner
9.	Wünscht sich anerkannten, guten Beruf	5 4 3 2 1 0 1 2 3 4 5	Legt Wert darauf, sich selbst zufrieden zu stellen,gleichgültig, was andere denken
10.	Schnell (beim Essen, Gehen usw.)	5 4 3 2 1 0 1 2 3 4 5	Tut Dinge langsam
11.	Nimmt's leicht	5 4 3 2 1 0 1 2 3 4 5	Schindet sich
12.	Versteckt seine Gefühle	5 4 3 2 1 0 1 2 3 4 5	Drückt seine Gefühle aus
13.	Viele außerberufliche Interessen	5 4 3 2 1 0 1 2 3 4 5	Wenig Interessen außerhalb des Berufes
14.	Zufrieden mit der Arbeit	5 4 3 2 1 0 1 2 3 4 5	Ist ehrgeizig

bei denen Sie viele „Typ-A-Punkte" erreichten, dann haben Sie einen ziemlich guten Anhaltspunkt dafür, wie Ihr stressfreies Leben aussehen könnte, wenn Sie es ändern.

Angst und Stress bei Charles Spielberger

Der folgende Test wurde von dem vielleicht bedeutendsten Angstforscher unserer Zeit, dem Psychologen Prof. Charles Spielberger, entwickelt. Er misst einen grundlegenden Charakterzug, nämlich die Bereitschaft zum Ärger – und zwar zum Ärger nicht in konkreten Situationen, in denen es sehr wohl sinnvoll sein kann, sich zu ärgern, sondern die grundlegende Bereitschaft, mit Ärger zu reagieren, wenn andere Leute (nämlich solche, die in diesem Test anders abschneiden) noch ruhig bleiben.
Auch Spielbergers Test ist ein Maß für Stress im Leben, sogar auf doppelte Weise: Zum einen ist offensichtlich, dass Menschen, die sich schnell ärgern, stress-behaftet sind; zum anderen erleben diese Menschen, die oft aus der Haut fahren, dass sie damit andere Menschen ebenfalls zu aggressiven Reaktionen provozieren. So kann Ärger zu der bestimmenden Größe des Lebens werden.

Bitte kreuzen Sie an:

So gut wie nie = 1
Manchmal = 2
Oft = 3
Fast immer = 4

Ich bin leicht erregbar
1 2 3 4

Ich habe ein aufbrausendes Temperament
1 2 3 4

Ich bin hitzköpfig
1 2 3 4

Ich werde ärgerlich, wenn mich Fehler anderer Menschen aufhalten
1 2 3 4

Ich werde böse, wenn ich keine Anerkennung für gute Arbeit, die ich geleistet habe, erhalte
1 2 3 4

Ich neige dazu, öfter einmal zu explodieren
1 2 3 4

Bei Zornausbrüchen werde ich beleidigend
1 2 3 4

Es macht mich wütend, wenn ich vor anderen Menschen kritisiert werde

1 2 3 4

Wenn ich am Erreichen eines persönlichen Ziels gehindert werde, könnte ich zuschlagen (gemeint sind hier nicht nur die großen persönlichen Lebensziele, sondern auch kleine Dinge wie das Erledigen einer vorgenommenen Arbeit)

1 2 3 4

Mich packt die Wut, wenn ich eine Arbeit ordentlich erledigt habe und sie dennoch negativ bewertet wird

1 2 3 4

Zählen Sie die von Ihnen angekreuzten Punktzahlen zusammen.
Männer, die 17, und Frauen, die 18 Punkte erreicht haben, liegen auf dieser Ärger-Skala genau in der Mitte. Werte unterhalb von 14 (für Frauen) und 13 (für Männer) sind günstig und bedeuten: Sie bleiben in Situationen, in denen andere Menschen provoziert werden, unbeeindruckt.
Werte oberhalb von 23 bedeuten, dass Sie zu den Hitzköpfen gehören, deren Leben durch viel (durch zuviel) Ärger geprägt ist.

Was anfangen mit diesen Testergebnissen?

Zuerst einmal möchten wir Sie beglückwünschen, dass Sie sich den Problemen des Stresses überhaupt gestellt haben. Mag sein, dass Sie die Punktwerte, die Sie erreicht haben, beunruhigen. Versuchen Sie, auf solch ein Ergebnis aber nicht mit neuem Stress zu reagieren. Ihnen sollte immer bewusst sein, dass Tests nur Anhaltswerte geben können.

Stress kann bei manchen Menschen zur lebensbestimmenden Größe werden, zur ausgeprägtesten Facette ihres Charakters. Die amerikanischen Medizinprofessoren Meyer Friedman und Roy H. Rosenman haben, beginnend in den sechziger Jahren, einen Menschentyp beschrieben, bei dem das Risiko, eine Herz-/Kreislauf-Erkrankung zu bekommen, aufgrund von Persönlichkeits- und Verhaltensmerkmalen ziemlich sicher vorausgesagt werden kann. Sie nannten ihn „Typ-A". Menschen dieses Typs sind, so die Mediziner, „in aggressiver, voranschreitender Weise in einen lang dauernden heftigen Kampf verwickelt, in immer weniger Zeit immer mehr zu erreichen. Und wenn es die Umstände erfordern, setzen sie sich gegen Widerstände von Sachen und Personen durch."

Typ-A: Hohes Risiko für Herz und Kreislauf

Bestimmender Charakterzug eines Menschen vom Typ-A ist, dass er ständig darum ringt, in immer weniger Zeit immer mehr zu erreichen und sich in einem permanenten, mehr oder weniger aggressiven Wettbewerb gegen Konkurrenten befindet. Der Preis für dieses Verhalten ist hoch: denn gerade für diese Menschen läßt sich ein besonders hohes Risiko für Herz- und Kreislauferkrankung statistisch nachweisen.

Mit Friedmans und Rosenmans Beschreibung des Typ-A ist übrigens eine Sensation in der Geschichte der Medizin verbunden. Zum ersten Mal wurden, wie die Münchner Medizinische Wochenschrift schreibt, „nicht unmittelbar mit klinischen Symptomen verknüpfte Verhaltensweisen als Prädiktor und Risikofaktor für eine chronische Erkrankung öffentlich anerkannt".

Typ-A ist gekennzeichnet durch eine laute, explosive, schnelle Sprache, durch ungestüme Antworten, durch Aggressionsbereitschaft, durch Rivalität gegenüber anderen Menschen (zumindest redet er davon und denkt daran). Forschungen haben seitdem dieses Bild noch verfeinert: Die Wahrscheinlichkeit einer Herz-/Kreislauf-Erkrankung steigt bei Menschen,

- ✘ die ein großes Potenzial an Feindseligkeit anderen Menschen gegenüber haben,
- ✘ die Ärger nach außen richten,
- ✘ deren Leben von Konkurrenz und Rivalität geprägt ist,
- ✘ die Ärger bei der Arbeit erleben,
- ✘ die sich überhaupt mehr als einmal in der Woche ärgern und
- ✘ welche die erwähnte „explosive" Sprechweise haben.

Kein schädlicher Stress für Herz und Kreislauf liegt dagegen vor, wenn Menschen (wie Friedman und Rosenman ursprünglich angenommen haben) stark im Beruf engagiert sind und auf hohem Aktivitätsniveau leben – vorausgesetzt, es kommt nicht zu den anderen Symptomen.

Nun sind wir nie „reine" Vertreter eines bestimmten Typs. Hinzu kommt, dass ein Typ-A-Verhalten nicht unbedingt das ganze Leben lang ausgeprägt sein muss. Es gibt Lebenssituationen, die uns mehr oder weniger zu Typ-A machen, und das kann bereits mit großen Risiken für uns behaftet sein. Zudem scheint es so zu sein, dass die Vorhersagekraft des Typ-A-Verhaltens weniger bei Arbeitern zutrifft als bei Menschen mit Bürotätigkeiten – gewisse Einschränkungen am ursprünglichen Konzept. Die Grundaussage wird dadurch allerdings nicht verwässert.

Grosse Aktivität bedeutet nicht automatisch Stress

Nicht wer ein aktives Leben führt, nicht wer viel arbeitet, leidet unter schädlichem Stress, sondern derjenige Mensch, der sich in einer Situation befindet, in der er den Durchsetzungskampf gegen seine Mitmenschen zum Lebensinhalt macht.

Ausgehend von dieser Beschreibung, können wir noch einmal einen Gedanken aus den ersten Kapiteln dieses Buches aufgreifen: Stress, so haben wir dort gesagt, wird von uns in der Form erlebt, dass die Umwelt ihn uns aufbürdet. Dies mag im Einzelfall richtig sein; Wer aber für seine Lebensweise nicht mit dem Leben bezahlen will, muss sehen, wo er sich selbst in Situationen gebracht hat, die Stress bereiten. Änderungen sind sicherlich oft nur langfristig möglich, aber es kann sich schon lohnen, zumindest Bescheid zu wissen, wie gefährdet das eigene Leben und die eigene Lebensfreude sind.

Wie entfaltet Stress seine negative Wirkung?

In der modernen Stressforschung hat es einen entscheidenden Fortschritt gegeben. Sie haben in der Stresstabelle von Holmes und Rahe gesehen, dass das größte Stress-auslösende Moment der Tod des Ehepartners ist: Man ist allein, man ist auf sich selbst zurückgeworfen. Das bringt viele praktische Probleme mit sich. Beispiele:

- ✘ Früher hat mein Mann die Steuererklärung gemacht, jetzt muss ich mich selber darum kümmern.
- ✘ Früher hat meine Frau Gäste eingeladen und für sie gekocht. Wie macht man das, Leute zu fragen, ob sie tatsächlich zu mir kommen wollen, und wie soll ich denn kochen? Ich kann ja nicht einmal Tiefkühlkost zubereiten!

Jeder Stress, und das ist das Tröstliche an diesem traurigen Beispiel, löst sich in viele kleine Widerwärtigkeiten auf, und um die geht es in der im nächsten Kapitel folgenden Liste.

Hundert kleine Sünden: ein Beichtspiegel für gestresste Menschen

*Wenn ich anfange zu fühlen,
kommen nur die Erinnerungen an
zurückliegende Schmerzen
und Enttäuschungen hoch.*

(Junge Frau von 23 Jahren)

„Kleinvieh" macht auch Stress

Es müssen nicht immer die ganz großen Probleme sein, die das Leben eines Menschen „stressig" machen. Neuere Forschungsrichtungen – etwa des amerikanischen Psychologen Prof. Richard S. Lazarus – zeigen, dass auch und gerade kleine „Unebenheiten" im Leben eine große gesundheitsgefährdende Bedeutung haben können – speziell, wenn sie sich häufen. Die Stress-Skala von Holmes und Rahe (Seite 57) hat das noch nicht berücksichtigt. Sie hat „Stresspunkte" vor allem für schwere Schicksalsschläge angegeben. Oft sind es aber gerade die kleinen Dinge, die uns stressen, wenn wir erst einmal auf sie „allergisch" geworden sind (siehe Seite 38).

Stress? Nur keine Hektik

Noch einmal der wichtige Satz: Schädlicher Stress entsteht, wenn wir gegen unsere eigenen Bedürfnisse arbeiten. Noch einmal die Warnung: Tun Sie nicht sofort etwas, wenn Sie eine Erkenntnis gewonnen haben. Jede Erkenntnis sofort in eine Tat umzusetzen, ist vermutlich genau das, was Sie bisher schon oft getan haben – und daher Ihr Stress.

Die 10 wichtigen Stress- „Hämmer"

In seiner Arbeit hat Richard S. Lazarus Buch geführt über die ständig wiederkehrenden Belastungen des Alltags, die unser Leben in negativer Weise belasten können. Als die zehn häufigsten „Irritationen" nennt er:

1. Sorge um das eigene Gewicht
2. der Gesundheitszustand eines Familienmitglieds
3. steigende Preise von Gebrauchsgütern
4. Hausarbeiten
5. zuviel zu tun zu haben
6. Dinge verlieren oder verlegen
7. Arbeit im Garten oder am Haus
8. Probleme mit Eigentum oder Steuern
9. Verbrechen
10. Beschäftigung mit dem Aussehen.

Stress bei Charles Bukowsky

„Es sind nicht die großen Ereignisse, nicht der Verlust des Ehepartners, der einen ins Irrenhaus bringt, sondern wenn im falschen Moment das Schuhband reißt."

Die 10 wichtigen Stress-Hemmer

Als „fröhliche Botschaft" formuliert Lazarus zugleich zehn kleine Anti-Stress-Faktoren:

1. Eine gute Beziehungen zu Ehepartner oder Liebhaber/Liebhaberin
2. Gute Beziehungen zu Freunden
3. Eine Aufgabe zu Ende führen
4. Sich gesund fühlen
5. Genug Schlaf bekommen
6. Essen gehen
7. Seinen Verpflichtungen nachkommen
8. Jemand besuchen, mit ihm telefonieren oder ihm schreiben
9. Zeit mit der Familie verbringen
10. Ein Zuhause haben, das einem selbst gefällt.

Wenn Sie Ihr Leben von Stress entlasten wollen, sollten Sie sich an diesen zwei Mal 10 Punkten orientieren. Auf welchen „Stress-Hammer" reagieren Sie allergisch? Sie werden den Auslöser Ihrer Stress-Reaktion meist nicht abstellen können, aber Ihre Reaktion können Sie abmildern – einfach, indem Sie die Auslöser erkannt haben und sich dann sagen: „Vorsicht! Hier auf reagiere ich übermäßig. Wie ein Stress-Allergiker."

Um Ihnen hier eine noch bessere Hilfe zu geben, finden Sie im Folgenden eine lange Liste möglicher weiterer Stress-Auslöser. Und die Liste enthält (fast) nur Dinge, die Sie sehr gut unter Ihrer Kontrolle haben, und die Sie auf einfache Weise abstellen können.

Gehen Sie sie einfach einmal durch und kreuzen Sie an, was Ihnen von den Dingen

✘ Spaß macht

✘ Worauf Sie auf gar keinen Fall verzichten wollen – auch wenn es nicht gut ist

✘ Was Ihnen nicht sonderlich wichtig ist (worauf Sie also leichten Herzen verzichten können)

✘ Was Sie in Zukunft lassen möchten und

✘ Was Sie bestimmt nicht mehr tun wollen

Aus dieser Liste können Sie sich ein kleines Anti-Stress-Programm zusammenstellen. Und Sie können sie bei Gesprächen als Leitfaden nutzen, wenn Sie anderen gestressten Menschen helfen möchten.

✘ <u>Tagesbeginn:</u>

Der Wecker ist zu spät gestellt, der Tag beginnt mit Hetze

Frühstück runter schlingen

Wachwerden nur mit viel Tee oder Kaffee

Sofort Musik anstellen (täglich viele Stunden Geräuschkulisse)

Gleich den Walkman aufsetzen

Morgens schon andere Leute anmuffeln

Nachrichten hören, ohne sie wirklich mitzukriegen

Zeitung lesen und morgens schon den ganzen Ärger der Welt „inhalieren",
Zu spät aus dem Haus gehen (die Hetze ist vorprogrammiert)
Zum Bus / zur Bahn laufen

✘ Autofahren:
Jede Zehntelsekunde rausholen
Jedes Recht der Straßenverkehrsordnung für mich in Anspruch nehmen
Ständig die Spur wechseln, um ja der Schnellste zu sein
Zu spät losfahren
Mich sorgen, ob ich einen Parkplatz finde
Risikoreich fahren, so dass es viele Beinahe-Unfälle gibt

✘ Haushalt:
Einkaufen gehen, wenn Geschäfte überfüllt sind
Reinlichkeitsdrang, Putzteufeleien, Hygienefimmel
Jeden Tag neu überlegen, was kochen, was einkaufen

✘ Freizeit:
Ablenkung und Zerstreuung suchen
Zwangsweise jeden Tag die Tagesschau anstellen
Mehr Alkohol als ich eigentlich trinken wollte
Mehr „Knabbern" als ich eigentlich wollte
Vor der Glotze einschlafen und dann übermüdet, aber doch schon wieder halb munter ins Bett gehen
Wochenendhaus/-wohnung als Belastung
Diskolärm, ohne mit dem Körper mitzugehen
Wochenendtrips mit vielen Verkehrsstaus
Kabelfernsehen
Videogeräte
Schlafengehen, erst wenn das Fernsehprogramm aus ist
Umgang mit „Freunden", mit denen man sich nichts zu sagen hat
Mich vor Menschen verstellen
Wahrheiten sagen, auf die der andere nicht vorbereitet ist und mit denen er nichts anfangen kann
Langeweile bekämpfen

✘ Arbeitsorganisation:
Alles perfekt machen wollen
Unangenehme Arbeiten aufschieben (aber im Hinterkopf immer daran denken)
Mehr übernehmen als nötig
Zuviel telefonieren
Mehrfacharbeit (schreiben, Telefon bewachen, dabei Musik hören, auf Gespräche von Leuten im Zimmer horchen)
Missgunst gegenüber Kollegen und Vorgesetzten
Neid auf Kollegen und Vorgesetzte
Hass, der über Jahre schwelt
Unklare Ausdrucksweise mit der Folge von Missverständnissen
Herunterschlucken von Ärger
Herausbrüllen von Ärger

Zu langes Sitzen
Einseitige Belastung von Augen, Muskeln oder anderen Körperteilen
Eingespannt sein in Automatisierungsvorgänge
Hoffnung auf Karriere
Kleidungsvorschriften am Arbeitsplatz
Arbeiten, um nicht nach Hause gehen zu müssen
Mich am Arbeitsplatz unentbehrlich fühlen
Auf Lob warten
Über die Firma schimpfen
Über eigene Fehler lamentieren
Mit eigenen Stärken und Erfolgen prahlen
Kleine Unehrlichkeiten
Firmeneigentum „mitgehen" lassen
Kollegen „austricksen"
Geschäftspartner über's Ohr hauen
Ein falsches Image von mir selbst aufrecht erhalten
Lügen
Schadenfreude
Rachsucht
Vorurteile pflegen
Gerüchte ausstreuen
Rechthaberei
Arroganz
Gefühlskälte
Angeberei
Dauernd Hektik um sich herum entwickeln

✘ Körperliche Gesundheit:
Schlaftabletten
Beruhigungsmittel
Zuviel Fett essen
Zuviel Süßes essen
Rauchen
Nicht genug Schlaf bekommen
Zu viel Alkohol
Fahrstuhl/Rolltreppe fahren, wo man laufen kann

✘ Geld/Besitz:
Mehr ausgeben als einnehmen
Geiz
Ständig überzogenes Konto
Dinge besitzen, an denen man keine Freude hat
Dinge besitzen ohne Zeit, sie zu genießen
Geld als Hebel benutzen, um menschliche Beziehungen zu „regeln"

✘ Ämter/Pöstchen:
Mitgliedschaft in Vereinen/Organisationen, die einem Karriereziel dient und nicht direkt einem persönlichen Bedürfnis entspricht
Vorsitz in solchen Vereinen/Organisationen
Berufsorientierte „Pöstchen" (wieder: nicht aus Freude, sondern nur für die Karriere)

✘ Umgang mit anderen Menschen:
Zuviel „Durchlauf"-Kontakte: Menschen, die man für einen bestimmten Zweck

sieht, ohne dass es zu einem wirklichen Gespräch kommt

Zu viele Menschen sehen, die mich anstrengen

Zu viele Menschen sehen, bei denen keine Liebe aufkommt

Zu viele Menschen sehen, von denen man nicht als Person (und nur als Inhaber einer Berufsrolle) anerkannt wird

Zu viele Menschen mit negativen Eigenschaften wie z.B. Egoismus sehen

Andere Menschen kränken

Anderen Menschen gegenüber aggressiv sein (Vorsicht: Sie merken nicht, ob Sie es sind. Fragen Sie einmal einen anderen Menschen danach)

Anderen Menschen Angst machen (auch das müssen Sie erfragen, jeder Mensch denkt nämlich, nur er – nie aber die anderen – hätte Angst)

Andere Menschen übersehen

Mehr selbst reden als anderen zuhören

Alle persönlichen Probleme mit dem Partner bereden

Alle Probleme mit Menschen ausdiskutieren wollen

Probleme aussitzen, statt offen zu reden

Viel Spaß beim Entrümpeln

Die Liste ist eine Art „Entrümpelungsprogramm" zum Abwerfen von Ballast. Wenn Sie es noch nicht gemacht haben: nehmen Sie einen Bleistift zur Hand und kreuzen einfach an, wo das Entrümpeln ohne Stress möglich ist.

Die lange Liste ist eine Art Schrotschuss. Vielleicht trifft Sie eine Kugel mitten ins Herz. Stress ist nämlich ein so zentraler Bestandteil des Lebens vieler Menschen, dass solche „Treffer" nicht vermeidbar sind. Sie werden sehen, dass Stress mit Ihrer Partnerschaft, mit Ihren Kindern oder auch mit persönlichen Werten, die Sie ein Leben lang hochgehalten haben, zu tun haben kann.

Wenn Sie jetzt etwas für sich – und gegen Stress, der Ihnen Lebensfreude nimmt – tun wollen: Fangen Sie bei den kleinen Dingen an, lassen Sie die großen einfach beiseite. Und wenn das nicht geht, dann suchen Sie sich einen Freund oder einen Therapeuten, der Sie auf dem vor Ihnen liegenden Weg begleitet.

Tod durch Stress: ein Ratten-Experiment mit Parallelen zum Menschen

Das Leiden verleiht keine Rechte.

(Albert Camus)

Viel von dem, was die Wissenschaft über Stress sagen kann, verdankt sie einem Experiment, bei dem ergründet werden sollte, warum manche Ratten immer entweder links herum oder rechts herum im Kreis schwimmen, einem ängstlichen wissenschaftlichen Assistenten und einem Professor, der aus beidem eine wichtige Erkenntnis gewonnen hat. Curt Richter, amerikanischer Psychiater mit deutschem Namen war schon früh in seiner wissenschaftlichen Laufbahn aufgefallen, dass Menschen so stark unter eingebildetem (!) Stress leiden können, dass sie nicht nur geistig, sondern sogar körperlich zusammenbrechen. Richter wollte die körperlichen Mechanismen hinter diesem Zusammenbrechen erforschen, tat dies mit einer Serie von Rattenexperimenten und setzte die Tiere hohem Stress aus.

Ratten unter Stress

Viele Erkenntnisse über die körperlichen Auswirkungen von Stress hat man bei Forschungen an Ratten gewonnen. Sowohl Mensch als auch Tier zeigen unter hohem Stress vergleichbare körperliche Reaktionen, die bis hin zum Zusammenbruch reichen können.

Ratten schwimmen um ihr Leben

In einem Versuch ließ Richter die Ratten in einem Bassin, aus dem sie nicht entweichen konnten, schwimmen. Wenn das Wasser Zimmertemperatur hatte, schafften die Tiere dies bis zu 80 Stunden lang. Nach dieser Belastungsprobe hat Richter die Tiere anatomisch-physiologisch untersucht (er wurde so einer der Pioniere der Bluthochdruck-Forschung).

Es fiel ihm auf, dass manche seiner Ratten nur im Uhrzeigersinn schwammen und andere nur in die Gegenrichtung. Aus der Insektenforschung wusste er von ähnlichen Beobachtungen – erklärt durch Verlust eines Fühlers. Gab es bei Ratten einen ähnlichen Mechanismus? Er beauftragte einen Assistenten, einigen Ratten jeweils auf einer Seite die Fühlerhärchen unter der Nase abzuschneiden, bevor sie ins Bassin gesetzt wurden. Dann passierte etwas Unvorhergesehenes: Einige Versuchstiere schwammen wild umher paddelnd im Bassin herum, sanken nach zwei Minuten wie ein Stein auf den Boden des Bassins und wären (hätte Richter sie nicht gerettet) nach so kurzer Zeit und nicht erst nach 80 Stunden ertrunken. Es sah so aus, als würden die Ratten sich selbst aufgeben. Für diese Art der Selbstaufgabe suchte Richter eine Erklärung.

Auch Ratten verlieren den Lebensmut

Auch Ratten zeigen verzweifelte Reaktionen bis hin zur Selbstaufgabe, wenn sie vor eine Aufgabe gestellt werden, die für sich genommen zwar lösbar ist, sie aber zuvor einer Behandlung ausgesetzt wurden, die sie extrem unter Stress gesetzt hat.

Wo anfangen, wo suchen?

Richter überprüfte, ob alles bei seinem Experiment richtig gelaufen war. Er ließ sich zum Beispiel von seinem Assistenten zeigen, wie dieser die Fühlerhärchen abgeschnitten hatte. Dieser Assistent war aber ein ängstlicher Mensch. Er fürchtete sich vor den Versuchstieren: Also nahm er einen Sack, öffnete den Ratten-Käfig (Ratten flüchten spontan ins Dunkle, also in den Sack), packte die Ratte von außen am Genick – und zwar so fest, dass er sie fast erdrückte, „schälte" den Sack so weit zurück, dass der Kopf des Tieres frei lag, schnitt die Härchen ab, schloss den Sack und öffnete ihn erst wieder über dem Wasserbassin.

Warum „entschieden" sich einige Ratten für's Sterben?

Richter wurde klar, warum die Tiere keinen „Lebensmut" mehr hatten: Durch die stress-fördernde Art der Behandlung war bei ihnen so viel Angst ausgelöst worden, dass sie im Schwimmbassin schon nach wenigen Minuten totale Erschöpfung spüren mussten. Tod durch Stress! Sich selbst aufgeben – in einer Situation, die durchaus beherrschbar ist.
Und Richter fand einen Weg, die stark gestressten Ratten am Leben zu halten. Sekunden, bevor die Tiere abzusinken drohten, zog er sie aus dem Wasser und ließ sie ein, zwei Minuten lang auf einem Tisch ausruhen. Hatten sie sich auf diese Weise beruhigt und so „ihre Sinne wieder beieinander", konnten sie danach wieder viele Stunden lang schwimmen. Prinzip Hoffnung! Mehr noch: Gab der Forscher den Tieren die Möglichkeit, den schwarzen Sack mehrfach und spielerisch kennenzulernen, und ging er sanft mit ihnen um, auch beim Schneiden der Fühlerhärchen, schafften es die Tiere wieder, 80 Stunden „am Stück" zu schwimmen. Holte er sie in den ersten Minuten des Schwimmens mehrfach zum Die-Sinne-beieinander-Bekommen aus dem Wasser, stellten sie sogar neue

Langstrecken-Rekorde auf. Sie hatten gelernt, mit einer belastenden, einer stressreichen Situation fertig zu werden.

Leistungssteigerung durch gute Behandlung

Im Experiment zeigt sich bei Ratten ein Lerneffekt, mit stressreichen und lebensbedrohenden Herausforderungen umzugehen. Wird den Tieren die Gelegenheit gegeben, sich mit einer neuen Situation vertraut zu machen und Selbstvertrauen zu gewinnen, sind sie zu extremen Leistungssteigerungen fähig.

Sich der Herausforderung stellen

So, wie die Versuchs-Ratten gelernt haben, bei Stress nicht unterzugehen, können auch Menschen lernen, mit hohen Belastungen fertig zu werden, selbst wenn wir in eine „Schwimm-oder-stirb-Situation" gebracht worden sind. Jeder Stress, den Sie überstanden haben, war bereits ein solches Lehrstück im Leben, und jede Krise, die kommen wird, wird eine neue Herausforderung sein. Sie haben die Freiheit, zwischen Flucht und Standhalten zu wählen. Wenn Sie sich aber einer Situation stellen, die Ihnen Angst bereitet, werden Sie vielleicht etwas Wunderbares erleben: Sie werden merken, dass die Angst verschwindet.

Ein kleines Beispiel, wie so etwas funktionieren kann: Ein „gestandener" Mensch hatte seit seiner Kindheit eine Angst vor dunklen Räumen mit sich herumgetragen. Irgendwann hat es sich ergeben, dass er sich mit einer Freundin am Abend in seinem Weinkeller aufgehalten und (nur wenig) getrunken hat. Darüber war es ziemlich dunkel geworden, die Freundin musste telefonieren, und er stand vor der Entscheidung: „Bleibe ich jetzt hier? Mache ich Licht? Oder gehe ich auch nach oben?" Er entschied sich – in guter Stimmung – dafür, im Keller zu bleiben. Das Telefonat hat wohl eine Stunde gedauert, und in dieser Stunde hat er einige (Kindheits-) Ängste gespürt, hat

Schwierige Situationen annehmen

Manchmal kann es heilsam sein, sich einer mit Stress behafteten Situation zu stellen, die einen „wunden Punkt" in der eigenen Biographie darstellt. Ohne sich zu viel zuzumuten, können Sie (Schritt für Schritt) lernen, sich mit der Angst auslösenden Lebenssituation vertraut zu machen und so Unsicherheit und Anspannung überwinden.

sich aber nie dazu zwingen müssen, auszuharren. Lohn der Angst: „Ich kann jetzt Wein aus dem Keller holen, ohne zu schwitzen, ohne komisches Gefühl im Rücken und ohne Angst und Stress."

Autonomes Nervensystem und Wille

Nervensystem und Wille

Der Mensch besitzt zwei voneinander unabhängige Nervensysteme. Eines gehorcht dem Willen und unseren Handlungsanweisungen. Das autonome Nervensystem dagegen steuert lebenswichtige Vorgänge in unserem Körper und kann nicht direkt beeinflusst werden. Das autonome Nervensystem ist anfällig für stressbedingte Störungen, wir können durch Entspannungsübungen positiv darauf einwirken.

Zurück zu den Ratten und zu ihrem Stress. Welche Vorgänge bei ihnen abgelaufen sind, verstehen wir besser, wenn zunächst einige medizinische Begriffe erläutert werden. Alle höheren Lebewesen besitzen nicht ein, sondern zwei Nervensysteme: eines, mit dem wir bewusste Handlungen ausführen können (etwa, wenn Sie jetzt beschließen, aufzustehen und sich einen Tee zu bereiten), und eines, das wir durch unseren Willen nicht unmittelbar beeinflussen können, das autonome Nervensystem.

Das autonome Nervensystem versorgt alle inneren Organe wie Herz, Leber, Magen, Darm, Milz, Blase, die Geschlechtsorgane und zudem die Speicheldrüsen im Mund sowie die Pupille im Auge. Es entscheidet also darüber, ob uns manchmal die Spucke wegbleibt, ob wir die Augen weit aufreißen, wie gut unser Herz uns mit Blut versorgt, ob wir vor Aufregung aufs Klo müssen, ob wir (langfristig) ein Magengeschwür ausbilden oder ob Männer eine Erektion bekommen. All diese Vorgänge sind stressanfällig. Auf das autonome Nervensystem können wir nicht unmittelbar einwirken – z. B. können wir die Tätigkeit unseres Magens nicht willentlich steuern – aber es lässt sich indirekt beeinflussen: etwa durch Autogenes Training, Yoga, Meditation oder andere Entspannungsübungen.

Sympathisches und parasympathisches Nervensystem

Das autonome Nervensystem teilt sich wiederum in zwei Bereiche auf: in das sympathische (wörtlich zu übersetzen als „mitfühlend") und das parasympathische („das neben dem sympathischen liegende") Nervensystem.

Reaktion und Gegenreaktion
Das autonome Nervensystem besteht genau genommen aus zwei Gegenspielern, dem sympathischen und dem parasympathischen Nervensystem. Reagiert das eine auf an- oder aufregende Umwelteinflüsse, so steuert das zweite unsere Körpervorgänge in Ruhephasen.

Das sympathische Nervensystem reagiert direkt auf Umwelteinflüsse. Fühlen wir uns beispielsweise bedroht, aktiviert es den Körper. Äußere Zeichen können dabei sein:

- ✘ Die Pupillen öffnen sich, um besser sehen zu können.
- ✘ Das Herz schlägt schneller, um mehr Blut in Gehirn, Muskeln und Haut zu pumpen. Damit wird unser Körper in Reaktionsbereitschaft versetzt, um auf die Bedrohung schnell zu reagieren.
- ✘ Wir atmen tiefer und schneller und verbessern so die Sauerstoffversorgung.
- ✘ Unser Blutzuckerspiegel steigt, was bedeutet, dass körperliche Energiespeicher angezapft und für (zu erwartende) körperliche Aktivität nutzbar gemacht werden.
- ✘ Alle Verdauungsprozesse – zu denen man bekanntlich Ruhe braucht – werden aus diesem Grund eingestellt.
- ✘ Wir schwitzen, und zwar aus zwei Gründen. Einmal entsteht bei dieser dramatischen Beschleunigung aller Vorgänge im Körperinnern mehr „Abfallmaterial", das mit dem Schweiß aus dem Körper geschwemmt wird. Zum anderen ist Schwitzen ein Körpermechanismus, der uns abkühlt, weil Feuchtigkeit an der Hautoberfläche verdunstet.

Das parasympathische Nervensystem wirkt genau entgegengesetzt. Es regelt nicht die Aktivität, sondern Ruhe, Verdauung, ein In-sich-Zurückziehen (bis hin zu stärkeren Formen der Zurückgezogenheit wie etwa depressiven Zuständen):

- ✘ Unsere Pupillen werden kleiner, wir bekommen einen sanften und keinen schreckensstarren Blick.
- ✘ Das Herz schlägt langsamer, Blut wird weniger dem Gehirn als dem Magen zur Verfügung gestellt.
- ✘ Wir atmen langsamer.

- ✘ Der Blutzuckerspiegel sinkt.
- ✘ Der Fluss von Speichel und Verdauungssekreten wird angeregt (bei Schreck hingegen bleibt uns „die Spucke weg“).
- ✘ Wir schwitzen nicht, weil wir wohlige Wärme und keinen „kühlen Kopf“ brauchen.

Zusammenspiel der Organe

Sympathisches als auch parasympathisches Nervensystem steuern das komplexe Zusammenspiel der Organe in unserem Körper in Erregungs- bzw. Ruhephasen. Beeinflusst werden vor allem Herz, Leber, Magen, Darm, Milz, Blase, Geschlechtsorgane, die Speicheldrüsen im Mund und die Pupille im Auge.

Erregung und Entspannung

Zwischen den Wirkungen dieser beiden Nervensysteme spielen sich die Reaktionen unseres Körpers auf unser Leben ab. Sie kennen den volkstümlich gewordenen Ausdruck: „Mein Adrenalin-Spiegel steigt“, wenn wir uns erregen – ein richtiger Ausdruck, denn er bezieht sich auf eine weitere Wirkung des sympathischen Nervensystems.

Wird der Körper in Erregungsbereitschaft gesetzt, regt dieser Teil unseres „Nervenkostüms“ die Tätigkeit zweier Drüsen auf der Nebennierenrinde an. Sie produzieren die Hormone Adrenalin und Noradrenalin. Beide Stoffe werden in den Blutstrom abgegeben, erreichen also praktisch alle Teile des Körpers. Sie verstärken die Wirkung des sympathischen Nervensystems, das wiederum die Produktion der Hormondrüsen anregt, usw. – es kann zu einem gegenseitigem Hochschaukeln kommen, und dadurch kann ein Mensch in einem unkontrollierten Wutanfall „explodieren“.

Achtung vor Ärger!

Die Hormone Adrenalin und Noradrenalin verstärken die Wirkung des sympathischen Nervensystems. Doch Achtung: Die Nebennierenrinde, die diese beiden Hormone produziert, wird vom parasympathischen Nervensystem nicht mit versorgt. Daher kann in extremen Situationen die erhöhte Hormonausschüttung nicht ausgeglichen werden und es zu einem gefährlichen Hochschaukeln kommen.

Das Problem dabei: Die Nebennierenrinde wird nicht vom parasympathischen Nervensystem versorgt. Es kann daher zu keiner „ausgleichenden Gerechtigkeit“ zwischen dem aktivierenden und dem beruhigenden Nervensystem kommen. Was allein hilft, ist die

Vernunft. Wer großen Ärger in sich hochkommen fühlt, sollte die Situation schnellstens verlassen oder sich ein Aggressionsobjekt suchen, an dem er sich ohne Gefährdung eigener oder fremder Interessen und Rechte austoben kann: mit dem Fuß stampfen, einen Eimer zertreten, laut losbrüllen – was auch immer den „Dampf" in ungefährlicher Form nach draußen bringt. Ansonsten aber hat unser Körper ein großes Harmoniebedürfnis. Er versucht zu erreichen, was uns so schlecht gelingt: „in unserer Mitte zu sein".

Kommt es zu einer hohen Erregung und Aktivierung (als Wirkung des sympathischen Nervensystems), so schlägt als Folge das Pendel anschließend zur anderen Seite aus: Ruhe, Erholung, manchmal Erschöpfung, manchmal der Zustand völliger Zurückgezogenheit, den wir „Depression" nennen, manchmal sogar die Selbstaufgabe – wie bei den gestressten Ratten im Experiment von Curt Richter.

Depression nach großem Stress
Als Reaktion auf zu große Anspannung können Menschen in einen Zustand völliger Zurückgezogenheit verfallen, den wir Depression nennen. Bei extrem starken Depressionen sind sogar Todesfälle nicht auszuschließen.

Tod durch „Einbildung"

In der psychologisch-medizinischen Fachliteratur wird das Phänomen des „Voodoo-Todes" beschrieben. Anthropologen wissen seit langem, dass Mitglieder bestimmter Völker bei schweren Verfehlungen aus der Gemeinschaft ausgeschlossen wurden. Ihnen wurde der Tod prophezeit, und oft genug starben diese Menschen innerhalb weniger Tage. Alles Zauber, fauler Zauber vielleicht sogar? Sicher nicht. Dieses Sterben erklärt sich durch jenen eben beschriebenen ausgleichenden Mechanismus des Körpers, nach extrem hohem Stress – wie ihn der Ausschluss aus einer Lebensgemeinschaft darstellt – mit extrem starker Depression zu reagieren.

Von „Tätern“ und „Opfern“: Wenn schon Stress, dann schaffen Sie ihn sich doch selbst!

Leiden ist immer unsere Schuld.

(Cesare Pavese)

In welcher Weise man sich Stress ausgeliefert fühlt, welches Lebensgefühl einen Menschen begleitet, hängt nicht nur von äußeren Faktoren ab. Wie sie sich in Bezug zu ihrer Umwelt erleben, können Menschen – sehr stark schematisiert – in zwei unterschiedliche Grundtypen unterschieden werden, die wir der Einfachheit halber als „Täter“ und „Opfer“ bezeichnen wollen. „Täter“ sind Menschen, die das Gefühl haben, ihr Leben weitgehend selbst zu bestimmen, „Opfer“ denken, ihr Leben werde von anderen Menschen, von „den Umständen“, von Dämonen, Arbeitgebern, Ehepartnern, Nachbarn etc. weitgehend bestimmt.

Meist hängt es von der Situation ab, ob wir uns als „Täter“ oder als „Opfer“ erleben. Und nach einer durchgestandenen Stress-Situation sollten Sie sich die Frage stellen: War ich hier „Täter“ oder war ich „Opfer“? Fest steht, dass sich „Täter“ um Umgang mit Belastungen leichter tun:

„Täter" und „Opfer"

Wie man Stress bewältigt, welches Lebensgefühl man hat: die Bilder vom „Täter" und „Opfer" bezeichnen zwei verschiedene Grundmuster menschlichen Verhaltens. „Täter" haben das Gefühl, über ihr eigenes Schicksal mit entscheiden zu können, „Opfer" sehen sich in einer ausschließlich passiven Rolle, in der sie keinen Einfluss auf ihre Lebensumstände nehmen können.

Die „Opfer“ leiden mehr unter Stress. Auf sie dringt (wie sie es subjektiv empfinden) eine Welt ein, die ständig Forderungen stellt, Druck ausübt, etwas von ihnen will.

Fakten schaffen

„Täter" üben im Leben einen wesentlich aktiveren Part aus als „Opfer". Die sind erst einmal in der besseren Situation, weil sie Fakten schaffen können, die zunächst die anderen stressen. „Opfer" dagegen müssen vor allem gegen das Gefühl der eigenen Ohnmacht ankämpfen und sich die Mechanismen ihrer Rolle verdeutlichen, um das Machtgefüge zu verändern.

Wer „Täter“ ist und erst einmal Fakten schafft, ist in der besseren Situation. Auf Fakten müssen die anderen reagieren, und das schmeichelt der eigenen Eitelkeit. Ein Beispiel: Von zwei Eheleuten spricht einer sehr schnell und frei heraus und der andere langsam und bedacht. Das bedeutet erst einmal Stress für den langsam Sprechenden, bis er die Mechanismen durchschaut hat und er – langsam und bedacht – die Kommunikationssituation so ändert, dass er nicht ständig in der Situation dessen ist, der zu reagieren hat.

Wie wir mit Stress umgehen, ist auch Erziehungssache

Bei beiden, Täter- wie Opfertypen, sind die Reaktionen auch Folgen ihrer Erziehung. Überlegen Sie einmal, wie Sie sich selbst als Kind in einer „erregten, aktivierten“ Situation verhalten haben. Sie hatten einen Wunsch, eine Forderung. Und Ihre Eltern – was haben sie gemacht? Mit Ihnen geredet, mal dem Wunsch nachgegeben, mal nicht, mal auf Kompromisse hingearbeitet – eine gute Erziehung. Als Kind haben Sie dadurch lernen können, dass es die verschiedensten Möglichkeiten gibt, mit eigenen Wünschen umzugehen. Das stärkt das Selbstvertrauen auch wenn Sie sich immer wieder einmal in Verzicht haben üben müssen (der Ihnen hoffentlich Ihrer Altersstufe gemäß erklärt worden ist). Wenn dem so war, haben Sie auch gelernt, dass Sie Ihre Lebensumstände durch eigenes Verhalten weitgehend selbst kontrollieren können. Sie sind ein Tatmensch, ein „Täter“ geworden.

Ein „Opfer“ sind Sie geworden, falls Ihre Eltern Sie nach einem ganz strikten Moralkodex, nach einer Ideologie, nach festen Prinzipien erzogen haben. Die Lehre fürs Leben heißt dann: Egal, was ich tue, die anderen wissen es besser und ich habe ohnehin keinen Einfluss darauf! Menschen mit dieser Art Vorbereitung auf das Leben neigen dazu, rigide und/oder anpässlerisch zu werden. Sie halten sich selbst im Zaum, leben ihre Kreativität zu wenig, werden Moralapostel, werden aber auch autoritäre Persönlichkeiten – Machtmenschen, die ihre Macht immer dann ausüben, wenn sie in der Lage dazu sind. Es sind die typischen Radfahrer: nach oben buckeln, nach unten treten.

Sich selbst zusammenreißen zu müssen, keine Gefühle zeigen zu können, kein Vertrauensverhältnis zu anderen zu entwickeln, nicht geliebt zu werden – das ist das Schicksal der „Opfer“. Es ist

Verhaltensmuster prägen sich durch Erziehung

Die Entscheidung, ob Sie als Erwachsener „Täter" oder „Opfer" sind, fällt bereits in der Kindheit. Haben Sie in der Erziehung erfahren, dass Sie durch Ihr Verhalten Ihre Eltern und damit Ihr Leben beeinflussen können? Oder sind Sie mit dem Gefühl aufgewachsen, dass Sie ohnehin keine Chance haben, die Grundsätze Ihrer Eltern ins Wanken zu bringen? Im ersten Fall ist es mehr als wahrscheinlich, dass Sie zum „Täter" geworden sind. Und der zweite Fall stellt die klassische „Opfer"-Erziehung dar.

kein schönes Leben, besonders dann nicht, wenn ihnen in liebloser Weise von jemandem, der die entsprechende Macht oder das Tempo oder die Dreistigkeit dazu hat, etwas an den Kopf geknallt wird: vom Chef, der Überstunden verlangt oder vom Partner, der plötzlich sein Leben ändern will (und damit das Zusammenleben). Wie reagiert das typische „Opfer" auf diese neuerliche Stress-Situation? Auf die gewohnte Weise: durch Zusammenreißen, durch Sich-immer-mehr-Verschließen.

Sind Sie „Opfer"?

Was sehen Sie, wenn Sie in den Spiegel sehen? Sehen Sie sich als „Opfer"? Kommt Wut in Ihnen hoch, während Sie diese Zeilen lesen? Gehen, nein, besser: Geben Sie ihr nach – was heißen soll: Lassen Sie sie hochkommen und tun Sie nichts! Auch Trauer kann jetzt in Ihnen aufsteigen: Lassen Sie es zu. Jetzt etwas tun? Zuschlagen? Selbst „Täter" sein? Es gibt Besseres für Sie!

Autos, Videospiele, Zigaretten: Unsern täglichen Stress gib uns heute

Es ist die furchtbare Illusion des Handelnden,
zu meinen, was er tut, bliebe „draußen".
In Wahrheit geht es auch in ihn ein;
ja, es ist früher in ihm selbst als im
Gegenstand seines Handelns.
In Wahrheit „wird" er immerfort das, was er tut.

(Romano Guardini)

Stress-Faktor Auto

Erzeugt der Straßenverkehr Stress? Um diese Frage zu erläutern, zunächst das folgende Beispiel: Dr. med. Werner Schmiedl wusste als Arzt um die gesundheitsschädliche Wirkung des hektischen Großstadtlebens. Also zog er aufs Land. Er joggte, ging in der Natur spazieren, um sich von den Strapazen seines Berufs zu erholen. Auf dem Land zu leben, bedeutete für ihn allerdings auch, jeden Tag zweimal eine Stunde mit dem Auto in die Klinik und zurück zu fahren. Und trotz seiner idyllischen Wohnlage wollte sich bei ihm das Gefühl der naturverbundenen Ruhe nicht einstellen. Doch da er auf seine Gefühle wenig gab, hat er eine Woche lang seinen Blutdruck an verschiedenen Stellen der Autofahrt gemessen. Die Konsequenz: Er wohnt wieder in der Stadt.

„Stress entsteht, wenn unsere Möglichkeiten nicht mit unseren Wünschen übereinstimmen“ – eine Abwandlung der Stress-Definition in diesem Buch. Die Wünsche an den Straßenverkehr sind: mit maximaler Geschwindigkeit und ohne „Belästigung“ durch andere Automobilisten entspannt durch die Gegend zu fahren, in der Stadt überall einen Parkplatz zu finden, das Auto in Kurven bis an die Grenzen der Fliehkraft auszureizen. Doch das sind nicht unsere Möglichkeiten. Zwar ist das Auto mittlerweile technisch perfekt geworden, von den Emissionen an die Umwelt einmal abgesehen, aber nicht perfekt dagegen ist der Verkehr: verstopfte Straßen, Staus, Baustelle an Baustelle, ständiger Kontakt mit den Reaktionen anderen Autofahrer, die ebenfalls wie wir in einer „Wagenburg“ sitzen, ständige Konzentration, höchste Anspannung und Alarmbereitschaft. Die nervlichen Anforderungen beim Auto fahren sind groß, der Stress ebenso.

Über Jahrmillionen haben wir uns im wesentlichen mit eigener Muskelkraft durch die Welt bewegt. Entsprechend hat sich unser Körper entwickelt, er braucht Muskelaktivität. Im Sitzen schlaffen wir ab und fallen in uns zusammen. Dazu kommen die vielen Stress-Situationen beim Fahren: Überholen oder Spur halten, Beinahe-Unfälle, riskantes Fahren von anderen Verkehrsteilnehmern – jedes Mal schnellt der Adrenalinspiegel hoch, wird der Körper in Alarmbereitschaft versetzt. Wohin mit diesem Aktions-Impetus? Wo

Wohnen im Grünen

Um der ungesunden Hektik des Großstadtlebens zu entfliehen, bietet sich das Wohnen im Grünen an. Wenn jedoch bis zum Arbeitsplatz täglich lange Strecken mit dem Auto zurückgelegt werden müssen, hat man bestenfalls den Stress der Stadt mit dem des Autofahrens vertauscht.

Autofahren: Mobilität und Bequemlichkeit?

Das Auto gilt als technisch perfektes, bequemes Fortbewegungsmittel. Doch die Praxis des Straßenverkehrs lehrt uns das Gegenteil: Staus, Baustellen, ständige Anspannung vor allem bei hohem Verkehrsaufkommen, andauernde Konfrontation mit den Reaktionen der anderen Autofahrer ... Das alles erzeugt höchsten Stress.

Autofahren – Risiko für die Gesundheit

Eine Autofahrt erzeugt Stress, vor allem, wenn man einige riskante Situationen zu bestehen hat. Doch es ist nicht möglich, den Adrenalinspiegel durch körperliche Aktivität abzureagieren. Auf Dauer kann dies die Gesundheit gefährden. Stress-Leiden wie Herz-Kreislauf-Beschwerden, hoher Blutdruck, Überzuckerung des Blutes und eventuell Krebs sind nicht selten die Folge.

im Auto ist körperliches Abreagieren möglich? Ständig alle Kräfte mobilisieren, ohne sie zur Entfaltung bringen zu können, ist Stress. Die „großen“ Zivilisationsleiden sind teilweise auch Stress-Leiden: Herz-Kreislauf-Beschwerden, hoher Blutdruck, Überzuckerung des Blutes durch ständige Aktivierung (siehe Seite 72 ff.) – und eventuell Krebs, für den psychische Faktoren eine nicht unwesentliche Rolle spielen.

Sitzen wir, und das ist die einzig mögliche Körperhaltung im Auto, so fehlt die Muskelspannung, jenes Spiel ständig wechselnder Kräfte, das speziell unser Rückgrat braucht. Jedoch nur gerade sitzen dient dem Rücken. Hier wird das Rückgrat geschont, kann der Brustkorb frei und der Bauch (durch das Zwerchfell) mitatmen. Seit langem haben wir dies verlernt und müssen deshalb Lehrgeld zahlen: in Form von Verspannungen, Rückenschmerzen, Bandscheibenvorfällen, Übergewicht.

Stress, auch das wissen die Mediziner seit langem, behindert zudem die Aktivität des körpereigenen Immunsystems, der „Gesundheitspolizei“ unseres Körpers. Grippe, Erkältungen sind – zumindest in ihrer Entfaltung – Stressleiden. Und das Auto, das unsere Körperkräfte bis zur Geringschätzung überflüssig macht, ist ein Krankheitsverursacher noch kaum erkannten Ausmaßes.

Ungesundes Sitzen

Die ungesunde „liegende“ Sitzposition im Auto fördert die Entstehung von Rückenleiden wie Verspannungen, Schmerzen, Bandscheibenvorfälle o.ä. Denn nur bei einer absolut geraden Sitzhaltung wird das Rückgrat geschont und wir können frei atmen.

Stress-Faktor Videospiele

Robert S. Eliot, Arzt am Medizin-Zentrum der amerikanischen Universität von Nebraska, hat mit seiner Forschung eindrucksvoll demonstriert, wie groß der Stress ist, der durch die immer beliebter werdenden Videospiele erzeugt wird – nicht bei jedem, wohl aber bei immerhin etwa einem Drittel der untersuchten Personen. Einer seiner Patienten, Manager in den besten Jahren, normaler Blutdruck (134/89), setzt sich, angeschlossen an medizinische Messgeräte, vor ein Videospiel. Wenige Sekunden nach Beginn steigt sein systolischer Blutdruck auf den Wert eines Hochleistungsathleten, der diastolische sinkt rapide ab. Die Messung: 207/66. Aber der Mann fühlt selbst keinen Unterschied in seinem Befinden! Sein Puls steigt in Sekunden von 80 auf 109 Schläge pro Minute. Der Mann merkt es nicht! Seine Herzleistung steigt von minütlich 4,4 Litern Blut, die in die Arterien gepumpt werden, auf das Doppelte: 8,4 Liter. Der Mann fühlt immer noch nichts!

Um seinen Körper durch Laufen auf dieselbe Leistungsstufe zu bringen, hätte er etwa acht oder neun Minuten gebraucht; das Videospiel hat bei ihm dasselbe in acht, neun Sekunden bewirkt. Und wohin geht all das in Sekunden aufgebaute „Aktions-Potential"? Um bei körperlicher Aktivität dieselben Werte zu erreichen, müsste der Mann jetzt Höchstleistungen vollbringen. Tatsächlich bewegt er an dem Video-Automaten nicht mehr als die Fingerspitzen.

Videospiele: hohes Risiko

Wenige Sekunden nach Beginn eines Videospiels steigt bei einem Drittel der Spieler, vor allem bei Erwachsenen, der Blutdruck auf den Wert eines Hochleistungssportlers – ohne, dass die Betroffenen es merken! Als anschließende Reaktion zieht der Körper die Blutgefäße zusammen: das Gleiche passiert bei einem Herzinfarkt! Bei Videospielen wird der Körper in eine hohe Aktionsbereitschaft versetzte, ohne die Möglichkeit, dies körperlich abzureagieren. Das ist es, was Stress so gefährlich macht.

Dann erfolgt eine dramatische Wende in seinen Körperreaktionen. Der Stress „drückt" seine Blutgefäße zusammen; das gleiche geschieht, wenn sich im Körper ein Herzinfarkt anbahnt. Dr. Eliot bricht das nun „tödliche" Spiel ab. Anatomische Untersuchungen an jungen Menschen, die an einem stressbedingten Infarkt gestorben sind, haben gezeigt, dass kleine Blutgefäße am Herzen, die die „Pumpe" versorgen, innerhalb weniger Minuten platzen können.

Eliot hat in seinem Labor Beschleunigungen der Herzfrequenz um 60 Schläge pro Minute registriert und Blutdruck-Spitzenwerte von 220. Zwar spricht nur etwa jeder Dritte in dieser Weise auf Videospiele an, und Erwachsene sind eher betroffen als Jugendliche. Doch darf man die Gefahren solcher Vergnügungen nicht unterschätzen: Hohe Aktionsbereitschaft des Körpers wird erzeugt ohne die Möglichkeit, dies physisch auszuagieren. Das ist es, was Stress so gefährlich macht.

Was ist Stress?

Durch eine Bemerkung von Robert S. Eliot zu einem seiner Patienten wird die Vorstellung sehr deutlich, was künstlicher Stress für unseren Körper bedeutet: „Sie laufen wie ein Auto: Vollgas mit angezogenen Bremsen." Das ist Stress.

Stress-Faktor Zigaretten

Zu den reichlich vorhandenen Schadstoffen, die wir mit dem Genuss von Zigaretten aufnehmen, kommt als weiteres Negativum noch der Faktor Stress hinzu. Nikotin ist ein schnell und „sicher" wirkendes Gift. Morgens ein Lungenzug auf nüchternen Magen, und uns ist bereits nach Sekunden übel. Eine Minute nach dem ersten Zug hat sich die Herzfrequenz um zwölf Schläge pro Minute erhöht.

Nikotin regt die Adrenalin-Produktion an; dadurch steigt der Blutdruck, und aus dem Fettreservoir des Körpers werden Fettsäuren gelöst. Der Cholesterin-Spiegel im Blut steigt. Das Herz braucht mehr Sauerstoff – aber nicht mehr Nikotin, Tee oder Kohlenmonoxid, bereitgestellt von Lungen ohne Raucherfilm. Noch 20 Minuten, nachdem die Zigarette ausgedrückt worden ist, bleibt die Herzfrequenz erhöht. Was Zigaretten bewirken, ist eine künstlich erzeugte Körperangst – vielleicht gerade das, was ein Raucher sucht, wenn er sich von anderen Angst auslösenden Reizen aus der Umwelt ablenken will.

Noch 20 Minuten danach – wissen Sie, was das bedeutet? Das Rauchen der Zigarette dauert etwa zehn Minuten, die 20 Minuten Nachwirkung dazugezählt, ergibt die geringe Zahl von zwei Zigaretten pro Stunde, die ausreichen, um den ganzen Tag seinen Körper künstlich in Angst und Stress zu versetzen. Das „schafft" man mit wenig mehr als 20 Zigaretten pro Tag, wenn man Schlaf, Mahlzeiten, Fahrten in öffentlichen Verkehrsmitteln, Aufenthalt in anderen Rauchverbots-Zonen abrechnet.

Achten Sie auf die Zeichen Ihres Körpers

Wir haben keinen Körper,
wir sind unser Körper.

(Stanley Keleman)

Ab Seite 71 haben Sie etwas über die grundlegenden Körpermechanismen erfahren, auf denen Stress aufbaut. Fassen wir noch einmal kurz zusammen. Das sympathische Nervensystem versetzt den Körper in Aktionsbereitschaft, das parasympathische bringt ihn zur Ruhe. Stress entsteht, wenn der Körper zu stark aktiviert wird. Gefährlich kann Stress auf zweierlei Weise werden: Zum einen, wenn die Aktivierung sich ungebremst „aufschaukelt". Das kann zu unkontrollierten Wut-Explosionen führen und/oder zu Herz-/Kreislauf-Schädigungen. Zum anderen schadet uns Stress, wenn die Aktivierung sehr hoch ist und das Pendel der Gegenregulierung ebenso weit ausschwingt. Dann kann dies zu depressiven Zuständen führen, bei denen sich ein Mensch – oder ein Tier, wie die Ratten in unserem Beispiel – selbst aufgibt.

Impotenz: meist ein Stress-Problem

Das Zusammenwirken des sympathischen und des parasympathischen Nervensystems lässt sich eindrucksvoll an einem Problem schildern, das manche Männer zuweilen mit ihrem „kleinen Freund" haben: an der sogenannten Impotenz, die in erster Linie stressbedingt ist.

Sexuelle „Erregung" braucht erst einmal Ruhe

Männer sprechen kaum darüber, obwohl es kaum jemanden gibt, der das Problem nicht kennt und sich nicht mehr oder weniger große Sorgen macht. Dass es sich dabei in erster Linie um ein Stress-Problem handelt, ist eine wichtige Information, die diesen Männern Erleichterung von ihren Sorgen und den damit verbundenen Selbstzweifeln bringen kann.

„Ich bin sexuell erregt", denkt ein Mann, wenn er eine Erektion hat. „Kann ich dich sexuell nicht erregen?", mag eine Frau denken oder sagen, wenn sie spürt, dass sich bei ihm nichts „regt". Was kaum jemand weiß: Das Wort „Erregung" führt in diesem Zusammenhang zu einem Missverständnis. Eine Erektion entsteht eigentlich nicht durch Erregung, also nicht dadurch, dass das sympathische, das aktivierende Nervensystem besonders stark einwirkt. Dadurch entsteht allerhöchstens Aufregung. Auch diese sucht körperlichen Ausfluss – am ehesten fände man ihn auf dem Sportplatz oder beim Holzhacken. Die Erektion ist vielmehr eine „Leistung" des parasympathischen Nervensystems. Ruhe brauchen die Männer, Entspannung; der Geist muss abschalten, der Körper auch.

Erregung braucht Ruhe!
Das Wort „Erregung" ist missverständlich: Entspannung und Ruhe sind die Voraussetzungen für eine Erektion, nicht die Aufregungen, für die das sympathische Nervensystem verantwortlich ist. Wenn sich also einmal nichts regen sollte: nur die Ruhe bewahren!

Rufen Sie sich noch einmal ins Gedächtnis zurück, was die Anzeichen körperlicher Erregung sind: aufgerissene Pupillen, ein trockener Mund, erhöhter Herzschlag, beschleunigte Atmung. Angst oder Nervosität sind Begriffe, die damit einhergehen, und nicht Freude oder Genuss. Eigentliche Erregung, also Aktivität des sympathischen Nervensystems, spielt erst beim Geschlechtsverkehr selbst eine Rolle. Orgasmus und Samenerguss beruhen auf dieser Art von Stimulation. Wenn der „kleine Freund" also einmal nicht will, dann liegt es im Zweifelsfall an dem, was Thema dieses Buches ist, an Stress. „Bin ich gut, kann ich ihr gefallen, darf ich frei bei ihr sein ...?" – all diese Gedanken können Stress auslösen. Weg ist die Ruhe und angesagt wäre jetzt ein Waldlauf, aber kein Betthupferl. Und umgekehrt gilt für die Frauen: „Kann ich ihn nicht (nicht mehr?) erregen?" ist die falsche Frage. „Kann ich ihn nicht mehr beruhigen? Steht er unter Stress? Stehen wir beide unter Stress?" Darum geht es.

Das Beispiel Erektion demonstriert sehr plastisch, wie wenig wir über den wichtigsten Menschen auf der Welt wissen, über uns selbst. Woher Sie mehr darüber wissen? Wissen heißt fühlen. Wie fühlen Sie sich in Ihrem Körper? Wohl? Fühlen Sie sich überhaupt? Mit Absicht haben wir nicht gesagt: Fühlen Sie ihn überhaupt?

Stress gegen Leben
In einem Stressbuch etwas über Sexualität zu finden, haben Sie vielleicht nicht erwartet. Doch in diesem Buch geht es ums Leben, ums Lieben und Lachen. Wogegen wollten wir denn sonst unseren täglichen Stress eintauschen?

Den nicht erregten Körper besser spüren

Unser Thema „Stress" betreffend: Wir sollen, ja, wir dürfen uns mit unserem Körper identifizieren! Wir dürfen ihn spüren, erkennen, zur Kenntnis nehmen, mit ihm sprechen – und dies alles immerzu und nicht nur, wenn sich ein sexuelles Lüftchen regt. Wir dürfen ihn lieben – so, wie er ist, mit all seinen unangenehmen Seiten, mit allen Verspannungen und Verkrampfungen.

Sich selbst akzeptieren – auch unseren Stress

Uns selbst zu erkennen und mit allen unseren Schwächen anzunehmen, befreit vom Stress, „anders" sein zu wollen. So ist das auch mit unserem Stress. Erst wenn wir ihn als Teil von uns akzeptieren, befreien wir uns vom Stress, gegen den Stress anzukämpfen.

Ja, wir dürfen und sollen sogar unseren Stress lieben. Nur was man liebt, kann man loslassen; nur in Liebe, in sanftem Umgang mit uns selbst, mit unserem Stress, kommen wir zu einem guten Verhältnis mit ihm. Bruder Stress, Freund Stress – ihn hassen, ihn verdrängen, ihn strafen, heißt doch nur, dass wir seine „stressigen" Verhaltensformen übernehmen und versuchen, den Teufel mit Beelzebub auszutreiben. Das Resultat ist logisch: neuer Stress.

Übungen für neue Körper-Erfahrungen

Um sich selbst und Ihren Körper (neu) zu entdecken, ist es ziemlich egal, welche Übungen Sie machen. Gelingt die eine nicht, tut's vielleicht eine andere. Gut ist es, wenn Sie sich spüren, Ihren Körper erfahren. Wenn nicht, ist trotzdem nichts verloren.

Wie lernen wir, uns selbst mit unserem Stress zu lieben?

Das erste ist, ihn und das heißt uns zu erkennen. Wo sind bei Ihnen die Verspannungen, wo die Stresspunkte? Hier ein paar Anregungen für Ihre Entdeckungsreise.

Wir hoffen, Sie gehören auch zu jenen Menschen, die vorzugsweise im Bett lesen und Bücher als Einschlaflektüre benutzen. Legen Sie sich gleich, wenn Sie diesen Absatz zu Ende gelesen haben, ganz flach hin, ohne Kopfkissen. Befinden sich Ihre Schultern fest auf der Unterlage? Wenn nicht, vergessen Sie den Rest des Kapitels und probieren Sie nichts weiter, als innerlich so freudig loszulassen, dass die Schultern gut auf Ihrer Matratze aufliegen, ja, in sie hineinzusinken scheinen.

Wenn's heute nicht klappt oder sich das entsprechende Gefühl nicht einstellt, macht es auch nichts, Sie werden sich irgendwann wieder an diesen Satz erinnern, wenn Ihre Schultern tatsächlich nicht mehr „nach oben gebogen" sind. Was diese Übung soll? Sie bringt Sie – wie Hunderte andere auch – zu einer neuen Körpererfahrung. Nichts ist verloren, wenn sie nicht gelingt, aber alles ist gewonnen, wenn Sie an irgendeiner Stelle Ihren Körper neu entdecken.

Jeder würde solch eine Übung machen, wenn ihm versprochen würde: „Dafür bekommst du das und das", oder: „Professor Sowieso hat gesagt, dass das gut ist." Keine Autorität der Welt kann jedoch in Ihre Haut schlüpfen. Es gibt Menschen, die würden nackt über den Marktplatz laufen, wenn sie dafür eine Belohnung bekämen. Hier geht es aber nicht nur um eine Belohnung, sondern um die Erkenntnis, dass alle Übungen aus einem einfachen Grunde sinnlos sind: Sie brauchen sie nicht. Übungen, Training – all die Dinge, die aus Amerika zu uns herüber schwappen, haben keinen Sinn, weil Sie selbst bereits alles wissen und alles haben, was Sie für sich brauchen. Wenn Sie es nicht erkennen, liegt es vielleicht daran, dass Sie zu bescheiden sind.

Sie wissen schon alles, was nötig ist!

Sie denken möglicherweise – ähnlich wie der Komiker Groucho Marx –, dass das bisschen, was Sie selbst haben und sind, doch eigentlich nichts ist. Marx hat mal gesagt: „Ich würde keinem Club beitreten, der mich als Mitglied akzeptiert." Ganz falsch! Sie wissen schon alles, Sie können ruhig an sich glauben.

Hören Sie auf Ihren Atem

Tun Sie nichts weiter als zu hören. Keine Atem-Übung, keine neue Atemtechnik sollen Sie lernen, nur hören. Und wer hören will, muss fühlen. Wenn Sie der Vorschlag langweilt oder ärgert, vergessen Sie ihn einfach. Wenn nicht, kann sich ein Wunder für Sie auftun: Sie werden merken, wie schön Ihr Körper ist, wie gut er funktioniert. Sie atmen, Ihr Herz schlägt, Tausende chemischer Prozesse laufen in Ihrem Körper ab. Sie sind ein Wunderwerk – und das, was Ihnen heute den Atem genommen hat, der Stress, die Probleme, wird Ihnen klein erscheinen. Vielleicht so klein – wenn Sie spüren, wie groß Sie sind –, dass Sie vor ihnen nicht mehr die Augen verschließen müssen.

Bewundern Sie Ihren Körper

Entdecken Sie das Wunder Ihres Körpers! Ist es nicht faszinierend, was er alles leistet und wie viele Prozesse er koordinieren kann? Spüren Sie, welche Kraft in Ihnen steckt? Bei so viel Stärke kann der Stress doch gar nicht so groß sein, dass Sie ihn nicht bewältigen könnten.

Fühlen Sie Ihren Nacken

Ist Ihr Nacken verspannt? Gut so. Er wird seinen Grund dafür haben. Hier soll Ihnen keine Nacken-Muskulatur-Optimierungs-Übung vorgeschlagen werden, die Ihnen das Gefühl nimmt, Sie dürfen sich jetzt in diesem Moment nicht so akzeptieren, wie Sie gerade sind. Spüren Sie Ihren Nacken – egal, ob angenehm oder unangenehm. Bleiben Sie dabei, erwarten Sie nicht, dass es anders wird. Versuchen Sie einmal, beim Gehen, beim Sitzen oder im Auto Ihren Nacken zu spüren. Er ist der Ihre; warum ihn also mies machen, wenn er steif ist? Überlassen Sie die tägliche Morgen- und Abendgymnastik den einfacheren Gemütern. Sie selbst können mehr. Sie können die Realität erkennen – ohne gleich irgend etwas daran verschlimmbessern zu wollen. „Der Weise", lautet ein schönes Wort, „sucht keine Vollkommenheit. Er macht sich nicht kirre durch seine Begierde nach Veränderung."

Erkennen Sie die Realität

Die Realität erkennen, das heißt, Ihren Körper mit all seinen eventuellen Verspannungen, seinem Stress bewusst wahrnehmen. Üben Sie den Blick für das, was ist. Dann sind Sie schon um einiges weiter als viele andere Menschen.

Spüren Sie Ihre Muskeln

Nächste Station der kleinen Reise durch den Körper: Ihre Kau- und zugleich Sprechmuskeln. Verspannt? Lassen Sie irgendwann einmal vor dem Spiegel den Unterkiefer hängen. Ein Zeichen für Gesundheit ist, wenn Sie dabei regelrecht blöd dreinschauen. Dann nämlich sind die Muskeln entspannt. Erleben Sie dabei, was mit Ihren Augen geschieht. Die Lider fallen etwas zu, über den Augenbrauen kann – muss aber nicht – ein leichtes Gefühl der Entspannung eintreten, das sich bis in die Augäpfel fortsetzt. Haben Sie je Ihre Augen gespürt? Sie sind in Muskeln eingebettet, die verkrampfen, die einen „stieren" Blick machen können. Aber wiederum: Sie sollen keinen neuen Blick einüben, nur einen Blick für das, was ist. Das sind nämlich Sie selbst. Und ganz gleich, ob Sie sich gut oder schlecht oder gar nicht finden – Sie sind doch da! Und das ist die wichtigste Erkenntnis: Sie sind da mit ungeheuer vielen Facetten Ihres Seins.

Haben Sie Lust, weiterzumachen? Hebt sich Ihr Brustkorb beim Atmen? Hebt sich auch der Bauch dabei? Oder ziehen Sie ganz automatisch den Bauch etwas ein, weil Sie das Gefühl haben, zu dick zu sein? Fragen Sie sich jetzt bitte nicht, ob das „gut" oder „schlecht" ist.

Wichtiger ist, dass es so ist, wie es ist, und dass Sie das erkennen und anerkennen.

Die Beine spüren, die Zehen betrachten (die sehen übrigens auch bei Ihnen ganz lustig aus, über die kann man lachen), sich vorstellen, dass unser Fuß aus 28 Knochen besteht, die alle beweglich sind – genug der Anregungen!

Wie oft Sie diese Übungen machen sollten? Immer. Oder zumindest: immer wieder. Immer an sich selbst denken, immer sich selbst in wohlwollender Weise wahrnehmen, das ist eine Lebensaufgabe, die viel mit Leben und überhaupt nichts damit zu tun hat, das Leben aufzugeben. Stress wollten Sie loswerden, doch Sie bekommen mehr: einen ersten Schritt auf dem Weg zu einem Leben, bei dem die Frage, ob Stress oder nicht, überhaupt keine Rolle mehr spielt.

Sich selbst wahrnehmen – gut gegen Stress

Sich selbst ausweichen? Nie wieder. Stress entsteht, wenn unsere Bedürfnisse mit unseren Zielen nicht mehr übereinstimmen. Und das grundlegendste Bedürfnis, das ein Mensch überhaupt haben kann, ist, zur Kenntnis genommen zu werden – zumindest von sich selbst.

Stress gehört zu uns: Wie wir ihn erkennen

Ein glückliches Leben ist die Frucht vollendeter Weisheit. Aber auch ein erträgliches Leben ist möglich – wenn man nur den Weg zur Weisheit beschritten hat.

(Seneca)

Stress ist gefährlich. Für die Gesundheit, aber auch für den Geldbeutel.

Vor hundert Jahren waren die größten „Killer“ Infektionskrankheiten, wie Tuberkulose und Lungenentzündung. Diese Krankheiten haben heute viel von ihrem Schrecken verloren, da man die Erreger gefunden hat und wirksam bekämpfen kann. Ob wir uns allerdings infizieren oder nicht, hängt mit dem Funktionieren unseres Immunsystems zusammen. Und dieses Schutzsystem wird durch Stress, durch die Art und Weise, wie wir heute unser Leben führen, geschwächt. Todesursache Nummer eins ist heute ein anderer Typ von Krankheit: Krebs, Herzinfarkt oder Bluthochdruck zum Beispiel. Krankheiten, deren Ursachen auch stressbedingt sind.

Viele Krankheiten haben mit Stress zu tun

Vieles deutet darauf hin, dass Stress bei einer Reihe von Krankheiten eine Rolle spielt: Durch die Schwächung unseres Immunsystems werden wir anfälliger für Infektionskrankheiten. Die Wirkung von Stress auf Bluthochdruck, die Gefahr eines Herzinfarkts oder den angedeuteten Zusammenhang mit Krebs sind unbestritten. Die volkswirtschaftlichen Kosten, die auf Stress zurückgeführt werden können, sind enorm.

Stress treibt also die Kosten unseres Gesundheitswesens in die Höhe, weil gestresste Menschen (ohne sich dessen bewusst zu sein) mehr Krankheitsanzeichen bei sich entdecken und häufiger zum Arzt gehen (der meist nicht Stress zum Ausgangspunkt seiner Behandlung macht). Eine Folge: Menschen mit Stress fehlen häufiger am Arbeitsplatz und bekommen häufiger Arzneien verschrieben, bei denen sie zuzahlen müssen. Stress kostet also Geld – den Staat, den Arbeitgeber und die Betroffenen. Schon deshalb lohnt es sich, Stress zu erkennen. Dies ist nicht immer einfach, denn der Einfluss auf unseren Körper geschieht meist unbemerkt.

Erkenntnis ist der erste Weg ...

Für das Erkennen von Stress ist es wichtig, zwischen akutem und chronischem Stress zu unterscheiden. Während akuter Stress in einer konkreten Lebenssituation auftritt, hält man sich bei chronischem Stress lange in einer bedrohlichen Situation auf.

Um so wichtiger ist es, dass wir über Stress und sein Auftreten Bescheid wissen. Grundsätzlich können wir zwei Arten von Stress unterscheiden: akuten und chronischen Stress.

Akuter Stress

Akuter Stress ist leichter zu erkennen, denn er tritt in einer konkreten Situation auf, die als belastend und bedrohlich empfunden wird. Gegen akuten Stress helfen die einfachsten Mittel, z.B. weglaufen, ein Gespräch, das sich aufschaukelt, nicht weiterführen, Wut herausschreien, den Hund anbrüllen, spazieren gehen, ein Bad nehmen. Wenn Sie für sich allein sind und diese Mittel nutzen, ist alles in Ordnung.

Probleme entstehen jedoch, wenn an der Stress auslösenden Situation andere Menschen beteiligt sind (was die Regel ist). „Jetzt rede ich nicht mehr weiter“ – solch ein Satz kann vom Gesprächspartner als Affront aufgefasst werden. Er wird dies – allein gelassen mit der eigenen Wut – nicht einfach so auf sich sitzen lassen. Unter Kollegen, in der Partnerschaft oder im Verhältnis zu den eigenen Kindern – bei Menschen also, denen man auf Dauer nicht aus dem Wege gehen kann – muss deshalb ein Ausweg aus Stress-Situationen gefunden werden, der dem Partner ebenfalls akzeptabel erscheint. Hier bieten sich Hilfen an, die in Streti-Trainings vermittelt werden:

- ✘ Beschränkung der Gesprächszeit – wie bei Podiumsdiskussionen
- ✘ miteinander nur im Beisein Dritter über problem-belastete Themen reden
- ✘ sich Dinge schreiben, statt sie zu sagen
- ✘ das Gespräch „künstlich“ strecken: einer redet, der andere stellt nicht aber seine Gegenposition dar, sondern beschränkt sich allein darauf, Verständnisfragen zu stellen. Dieser Gesprächsteil wird so lange fortgesetzt, bis der Vortragende sicher ist, genau verstanden worden zu sein. Mitschreiben kann beim Verstehen helfen. Dann wird ein neuer Gesprächstermin vereinbart, an dem der bisherige Zuhörer reden darf.

Gesprächsabbruch als Stress-Prävention

Aus einer sich akut „aufschaukelnden“ Stress-Situation hinauszugehen, kann eine vernünftige Stress-Prävention, und damit auch Gesundheitsvorsorge sein.

Chronischer Stress

Chronischer Stress – wenn man sich lange (oder dauernd) in bedrohlichen Situationen aufzuhalten hat – ist sehr viel komplizierter anzugehen. Einfache Techniken zur Vermeidung belastender Situationen helfen bei chronischem Stress kaum. Hier kann allein eine grundlegende Änderung der Lebensführung Heilung bringen. Hilfen dabei sind:

- ✗ Machen Sie sich klar (etwa mit der Liste auf Seite 59), welche Situationen bei Ihnen Stress auslösen, und beginnen Sie, auf diese Situationen zu verzichten.
- ✗ Machen Sie sich klar, ob Sie in einer typischen „Opfer"-Situation sind. Meiden Sie diese Situationen.
- ✗ Erkennen Sie bei sich den typischen Ablauf einer Stress-Situation. Für den Stressforscher Hans Selye läuft eine typische Stress-Situation in drei Phasen ab:

1. Die Alarmreaktion: Das sympathische Nervensystem versetzt den Körper in hohe Alarmbereitschaft, der Adrenalin-Spiegel steigt. Diese Phase wird von vielen Menschen noch bewusst wahrgenommen, zumeist aber nicht als eigener Stress, sondern als völlig gerechtfertigte Wut auf den Gesprächspartner. Manchmal wird sie sogar lustvoll erlebt als das aktive Engagement auf eine Herausforderung.
2. Die Widerstandsphase: In dieser Phase werden die körperlichen Prozesse nicht mehr gespürt. Sobald der Körper in der Alarmphase aktiviert wird, ändern sich so viele chemische Prozesse, dass die körpereigenen Reserven angegriffen werden. Der Körper beginnt deshalb sofort mit den Reparaturarbeiten. Das zu wissen (weil es nicht spürbar ist, hilft nur Wissen), kann uns größeren Respekt vor der Kompliziertheit und Schönheit unseres Körpers geben, kann uns helfen, den Stress ernst zu nehmen. Nicht, um Angst davor zu bekommen, sondern um ihm mit einer gewissen Ehrfurcht zu begegnen.
3. Die Erschöpfungsphase: Hat sich der Körper in einer Stress-Situation verausgabt, kommt es zu einer Gegenreaktion, bei der das parasympathische Nervensystem die Kontrolle über unsere Körpervorgänge übernimmt. Alle Abläufe werden verlangsamt, sie können sogar zu einem Stillstand kommen. Dieser Zustand, der immer noch Teil der Stress-Reaktion unseres Körpers ist, aber von kaum einem Menschen als solche angesehen wird, kann als Beruhigung, als Glättung der Wo-

Chronischer Stress: Ändern Sie Ihr Leben

Chronischem Stress rücken Sie nicht mit einer einfachen Vermeidungs-Strategie zu Leibe, er ist viel zu komplex dafür. Versuchen Sie, sich Folgendes klar zu machen: Überlegen Sie, welche Situationen bei Ihnen Stress auslösen, und beginnen Sie, sie abzubauen. Sind Sie ein typisches „Opfer"? Versuchen Sie, den typischen Ablauf einer Stress-Situation bei sich zu erkennen.

gen erlebt werden, kann uns lustvoll erscheinen, kann aber auch zu einer depressiven Verstimmung führen – bis hin zur Selbstaufgabe, wie in dem Rattenexperiment des Psychiaters Curt Richter.

Drei Phasen einer typischen Stress-Situation

Eine typische Stress-Situation besteht aus drei Phasen: Alarmreaktion, Widerstandsphase und Erschöpfungsphase. Es lohnt sich, auf den Ablauf zu achten, denn ab Phase 2 werden uns die Vorgänge in unserem Körper nicht mehr bewusst.

Stress ist nicht gleich Stress

Ob und wie Menschen Stress erleben, hängt von vielen verschiedenen Faktoren ab. Vier sollten Sie kennen. Wichtig für das empfundene Ausmaß an Stress ist:

✘ 1. Das Umfeld, in dem Stress erlebt wird: Wenn man beispielsweise vor anderen Menschen kritisiert wird, ist das ausgesprochen unangenehm. Das bereitet überflüssigen und zusätzlichen Stress.

✘ 2. Die persönliche Bewertung der Stress-Situation. Hat jemand eine „Alles-nicht-so-schlimm"-Einstellung, kann er ein Maß an Stress verkraften, das anderen Menschen schwer zu schaffen macht. Leider aber verlieren wir solch eine „Alles-nicht-so-schlimm"-Einstellung gerade für jene Situationen, in denen sie am meisten gebraucht würde: im Zusammensein mit unseren engsten Mitmenschen. Besonders hier kommt es am häufigsten zu – wie ab Seite 38 beschrieben – „allergischen" Reaktionen. Eine bestimmte Körperhaltung, eine kleine Handbewegung, die Art, wie der Löffel zum Mund geführt oder die Serviette benutzt wird, das kleinste, harmlos gemeinte Wort kann bereits (siehe oben) das Nervensystem des Zuhörers alarmieren und Körper, Geist und Seele auf Wut und Aggressivität umschalten.

✘ 3. Die Beurteilung der eigenen Möglichkeiten: Hat man das Gefühl, mit dem Rücken an der Wand zu stehen, bleibt man nicht mehr „cool". Sieht man noch Handlungsalternativen, ist die Stress-Situation halb so schlimm. Sind Stress auslösende Situationen also schon vorhersehbar, kann es hilfreich sein, „die eigenen Bataillone zu zählen", die eigenen Argumente zu kennen – ebenso wie die des „Gegners" –, um sich auf die Begegnung so vorzubereiten, dass der sachlich-rationale Teil den emotionalen überwiegt.

✘ 4. Wie viel Unterstützung man bekommt: Dies ist der entscheidende Punkt beim Umgang mit Stress. In der Medizin und Psychologie spricht man hier von „social support", von der Einbettung in ein Netzwerk erfreulicher Bekanntschaften und Begegnungen mit anderen Menschen. Wer sich in dieser Weise geborgen weiß, ist widerstandsfähig. Forschungsarbeiten zeigen zum Beispiel, dass Frauen mit gutem „social support" bei gleichen medizinischen Problemen weniger Fehlgeburten haben, es weniger Herzinfarkte, Depressionen und geringere Probleme mit Schulden, Trennung, Krankheit, mit Gewalt durch den Partner oder mit verhaltensgestörten Kindern gibt.

Stress ist ein Kind des Fortschritts: Werden Sie oder bleiben Sie konservativ!

Was du anderen zufügst, fügst du dir zu.

(Christian Morgenstern)

Wir alle wissen, was ungesunde Lebensumstände sind: Stress, zu kalorienreiches und zu fettes Essen, Zigaretten rauchen, zu viel Alkohol, zu viel Streit, Schulden, Trennung, Arbeitslosigkeit, nicht angemessen wohnen, Sorgen über die Ehe, die Kinder, über Geld... Die Liste können Sie sicher noch um einige Punkte ergänzen.

Der Nachweis, dass diese ungesunden Lebensumstände in direkter Verbindung mit Krankheiten stehen, ist x-fach geführt worden. Alles klar also? Nicht ganz. Es gibt Menschen, die die Statistik Lügen strafen, die extrem ungesund leben und dennoch nicht krank werden – und das ist eine gute Nachricht, die noch viel zu wenig verbreitet ist. Einige dieser gesunden Menschen sind sicherlich von der Natur mit besonderer Robustheit ausgestattet worden. Wenn es sich aber um die gesamte Bevölkerung einer Kleinstadt handelt, kann dieses Argument nicht mehr alles erklären.

Ungesunde Lebensumstände sind nicht alles

Ungesunde Lebensumstände machen auf Dauer krank. Diese Tatsache wird kaum angezweifelt. Und doch gibt es Regionen oder einzelne Städte, in denen die Bewohner wesentlich weniger Herzinfarkte oder Schlaganfälle erleiden als in anderen vergleichbaren Bevölkerungsgruppen: Warum trotzen sie der Statistik?

Schauen wir uns diese ungesund lebenden Gesunden näher an, denn sie haben das Rätsel gelöst, wie man – auch mit Stress – hervorragend zurechtkommen kann. Wenn es also – neben acht Stunden Schlaf am Tag (siehe Seite 32) – ein zweites vernünftiges Allheilmittel gegen Stress gibt, dann können wir es von ihnen erfahren.

Gemeinschaft hält uns gesund

Roseto, eine Kleinstadt im amerikanischen Bundesstaat Pennsylvania ist zu wissenschaftlichem Ruhm gelangt, weil ihre Einwohner Teil der „Framingham-Studie“ – eine der ersten großen sozialmedizinischen Studien über die Zusammenhänge von Krankheit und Lebensführung – gewesen sind.

Die Bevölkerung in Roseto lebte ungesund. Der tägliche Durchschnittsverzehr betrug – wissenschaftlich genau erfasst: 2700 Kalorien, davon mehr als 40 Prozent Fett. Es wurden zudem viele vitaminarme Speisen wie Pizza, Salami und Pasta gegessen. Nach der normalen Medizinstatistik hätten die Bewohner dieser Stadt mehr Herzkrankheiten haben müssen als die restliche Bevölkerung, aber das genaue Gegenteil war der Fall. In den Nachbargemeinden gab es dreimal soviel Herzinfarkte und doppelt so viele Herzinfarkt-Tote wie in Roseto.

Gemeinschaft macht stark

Die Framingham-Studie beweist einen direkten Zusammenhang zwischen Krankheit und Sozialstruktur: In der untersuchten amerikanischen Kleinstadt Roseto ist der Zusammenhalt in der Bevölkerung extrem hoch, die Krankheitsrate signifikant niedrig – trotz ungesunder Ernährung

Der Grund dafür, dass die Menschen in dieser Stadt unterdurchschnittlich anfällig für Krankheiten waren, war, dass sie in einer besonderen Sozialstruktur verwurzelt waren. Roseto ist eine rein italienische Kleinstadt in den USA, die Bewohner sind Einwanderer oder Nachkommen von Einwanderern, alle sind katholisch, sie kennen sich, sie halten zusammen. Armut und Verbrechen sind in Roseto selten anzutreffen. Nachbarschaftshilfe funktioniert. Geheiratet wird früh, und in der Ehe sind die Rollen klar verteilt. Frau und Mann haben keinen Zweifel daran, was ihre Rolle, ihre Pflichten und ihre Rechte sind. Kurz: In Roseto gibt es stabile menschliche Verhältnisse. Menschliche Konflikte sind selten, Beziehungsgespräche zwischen Ehepartnern oder Nachbarn sind die Ausnahme von der Regel.

Moral hält uns gesund

Sozialmediziner wissen, dass Roseto kein Einzelfall ist. Nehmen wir die beiden benachbarten US-Staaten Utah und Nevada: ungefähr gleiches Klima, etwa gleich groß; Bildungsstand, Stadt-Land-Verteilung oder die ethnische Zusammensetzung der Bevölkerung (in den USA Symptom ebenso wie Kristallisationspunkt für Stress unter der Bevölkerung) sind vergleichbar. Nicht vergleichbar ist dagegen die Gesundheits- und Lebenserwartung der Menschen.

Mormonenstaat contra Spielerparadies

Die beiden US-Staaten Utah und Nevada weisen viele Parallelen auf: Klima, Größe, Bildungsniveau, ethnische Zusammensetzung der Bevölkerung. Und doch leben in dem Mormonenstaat Utah überdurchschnittlich gesunde Menschen, und die Bewohner des Spieler- und Scheidungsparadieses Nevada weisen die niedrigste Lebenserwartung der USA auf.

Das Spieler- und Scheidungsparadies Nevada beschert seinen Bürgern die niedrigste Lebenserwartung der Vereinigten Staaten überhaupt. Östlich der

Grenze, im Mormonen-Staat Utah, finden wir hingegen einen der gesündesten Plätze der USA. Die Mormonen leben familien- und gemeindeorientiert: viele Kinder, drei und mehr Male in der Woche zum Gottesdienst, zehn Prozent des Einkommens dem Sozialwerk der Mormonen-Kirche stiften, um entstandene Armut zu bekämpfen, freiwillige Arbeit im kircheneigenen Sozialwerk oder bei Gemeinschaftsaufgaben – das charakterisiert das Leben der kirchentreuen Mormonen.

Moral ist nicht aufregend
Ein moralisches Leben wie das der Mormonen macht sicherlich nicht jeden glücklich, aber die soziale Sicherheit und die klare Regelung der gesellschaftlichen Normen lassen kaum Stress zu.

Von diesen Regelungen profitieren nicht nur die Empfänger sozialer Leistungen, sondern viel mehr noch die Geber. Man kennt sich in der Nachbarschaft, die Häuser stehen für Kinder wie für Erwachsene offen, man sieht sich, spricht miteinander, berät sich, hilft sich, lebt nach einem festen Moralkodex (z. B. kein vorehelicher Geschlechtsverkehr, kein Tee, kein Kaffee, kein Alkohol, keine Zigaretten). Das ist nicht jedermanns Geschmack, schafft aber Sicherheit für das eigene Verhalten. Und es bringt – hier endlich das entscheidende Stichwort, „social support“, wenn einmal Probleme da sind: in Roseto ebenso wie im Mormonen-Staat Utah.

Ehe hält uns gesund

Weitere Mosaiksteinchen zur überragenden Wirkung des „social support“ für die Gesundheit und gegen den Stress unserer modernen Welt: Über Ehemüdigkeit wird heute viel geklagt. Medizin-Statistiken zeigen dennoch: Wer verheiratet ist – gefragt wurde nicht, ob glücklich oder weniger glücklich (!) –, hat eine bessere Gesundheit und eine höhere Lebenserwartung als ein Unverheirateter. Witwen, Singles oder Geschiedene sterben früher und sterben häufiger an Krebs, Herzinfarkt, Verkehrsunfällen oder durch Selbstmord – vier Todesarten, bei denen Stress eine Rolle spielt.

Soziale Sicherheit gegen Stress
Klare Verhältnisse, eingebettet in eine Gemeinschaft Gleichgesinnter: Das scheint das sichere Rezept gegen Stress und seine gesundheitsschädlichen Folgen zu sein. Man findet sie nicht nur bei verheirateten Menschen. Priester und Mönche etwa finden sie hinter Klostermauern.

Ehe ist gesund – nicht immer
Rein statistisch sind Verheiratete weniger anfällig für stressbedingte Krankheiten. Doch eine Ehe, in der man sich alleine gelassen fühlt oder eine (drohende) Scheidung erhöht das Risiko beträchtlich.

Allerdings, nicht jede Ehe ist gesund. Das hat der Sozialforscher Jack C. Medalie in einer Langzeitstudie an 10.000 israelischen Männern nachweisen können. Alle Männer waren anfangs ohne Herzbeschwerden, einige aber klagten über eine Ehe, in der sie sich ohne gefühlsmäßige Bindung allein gelassen fühlten. Vor allem aus dieser Gruppe von Männern kamen die Kandidaten für Herzinfarkte am Ende des Beobachtungszeitraums von fünf Jahren. Aber ist Scheidung gesünder als Ehe? Nein. Scheidungen erzeugen Stress. Ein Mann über 40, der pro Tag 20 Zigaretten raucht, verdoppelt damit sein Risiko, frühzeitig zu sterben. In dieser Größenordnung liegt aber auch das Risiko, das ein über 40jähriger eingeht, wenn er sich scheiden lässt.

Familie und Nachbarschaft halten uns gesund

Eine englische Sozialstatistik zeigt ebenfalls den stress-lösenden Wert einer guten Einbettung in stabile menschliche Beziehungen. Allgemein ist bekannt, dass Frauen der gesellschaftlichen Unterschicht häufiger an Depressionen leiden als Frauen der Mittelschicht. Gründe dafür: aufreibende Lebensumstände, Schulden, Arbeitslosigkeit, unbefriedigende Wohnungen, Krankheit, Mann im Gefängnis, Verhaltensstörungen der Kinder. Doch selbst unter solch miserablen Umständen erreichen einige Frauen in

„Social support" ist wichtig
Eine Beobachtung der Sozialforscherin Kathrin Nickolls von der renommierten Yale University über Ehefrauen von Berufssoldaten: Sie alle lebten über längere Zeit getrennt von ihren Männern; einige hatten einen guten „social support", andere lebten von ihrer Umwelt weitgehend isoliert. Von diesen isolierten Frauen kam es bei 90 Prozent zu Komplikationen, als sie ein Kind zur Welt brachten. Von den Frauen mit „social support" dagegen nur bei 33 Prozent.

punkto Stress-Verarbeitung Mittel-, ja Oberschicht-Niveau. Und dies sind genau diejenigen, die eingebettet sind in hilfreiche menschliche Beziehungen, die einen guten Mann oder gute Freundinnen und Freunde haben.

Haustiere halten uns gesund

Menschen brauchen nicht immer nur Menschen als guten Freund, ein Tier erfüllt zuweilen auch diese Funktion. Wer einen Hund, eine Katze, einen Wellensittich hat, ist jedenfalls nicht ganz allein. Von 92 Infarktpatienten einer amerikanischen Universitätsklinik starben ein Jahr nach Entlassung aus der Intensivstation nur 3 von insgesamt 53 Patienten (das sind sechs Prozent), die ein Haustier besaßen. Von den 39 Patienten ohne Haustier verstarben hingegen elf, das entspricht 28 Prozent.

Menschlicher Beistand hält uns gesund

Isolation von anderen Menschen, von anderen Lebewesen, von der Natur scheint einer der größten „Killer" unserer Zeit zu sein, und das Stichwort dazu heißt „Stress". Um so wichtiger wird der „social support":

Jede Veränderung im Leben, alles, was neu ist – egal, ob positiv oder negativ -, löst in uns eine Aktivierungsreaktion aus. Im einfachsten Fall ist es der in der Psychologie oft beschriebene „startle response", der bereits bei Babys zu beobachten ist: Die Pupillen weiten sich, der Blick fixiert das neue „Objekt". Das geschieht, zusammen mit den entsprechenden inneren Reaktionen, vorbewusst.

Dann kommt unser Verstand zum Zuge. Das Neue wird intensiv bewertet. Ist es bedrohlich oder nicht? Zugleich schreitet die Aktivierung des Körpers weiter. Das sympathische Nervensystem arbeitet, Adrenalin wird ausgeschüttet, der Mensch wird bereit, zu flüchten oder zu kämpfen. Dieser Prozess kann nur dann abgebrochen werden, wenn wir zu dem Ergebnis kommen: „Nicht weiter schlimm, nicht bedrohlich."

Was aber ist mit dem Klingeln an der Tür abends um zehn, wenn eine Frau sich allein und wehrlos fühlt? Nicht öffnen, klar. Aber wird der Klingelnde die Tür aufbrechen? Absurd, doch leider denkbar. Ist es eine Nachbarin, die Hilfe braucht (sonst würde sie ja nicht zu so später Stunde klingeln ...)? Das kann über Stunden so gehen, und über Stunden bleiben unser Körper und unser Geist dabei unter Stress.

Mit etwas „social support", einfach durch die Anwesenheit eines anderen Menschen, dem man die eigenen Sorgen mitteilt, kann der Stress verschwinden.

Menschlicher Beistand – ein gutes Beruhigungsmittel

Der Beistand eines anderen Menschen in einer Stresssituation bewirkt, dass unser Puls sich wieder verlangsamt, dass die Schweißbildung ebenso zurückgeht wie die Adrenalin-Ausschüttung. Der Mund wird wieder feuchter, eine abwehrbereite Speichelflora bildet sich, die uns gegen Krankheitserreger schützen kann. Die „Körpersäfte" fließen wieder, der Körper wird wieder zu seiner gesundheitlichen Abwehrarbeit fähig. So ungefähr können wir uns die krank machende Wirkung von Stress und die gesund machende Wirkung von „social support" als Anti-Stress-Mittel vorstellen.

Tradition hält uns gesund

Bleibt als letzte Frage die wohl entscheidende: Wie findet man „social support", wie findet man Freunde, wie kommt es zu befriedigenden mitmenschlichen Kontakten?

Der erste Schritt auf dem Weg zu befriedigenden menschlichen Beziehungen besteht darin, den Wert von Konventionen neu zu überdenken. Menschliches Leben ist ein Wechselspiel zwischen Konvention (den Regeln für das Zusammenleben) und Freiheit (dem Sprengen dieser Regeln).

Sigmund Freud hat 1930 ein Buch geschrieben, dessen Titel Sie vielleicht kennen: „Das Unbehagen in der Kultur". Freud zeigt darin, wie groß der Druck von Moral und Anstand auf uns ist. Das Paradoxe allerdings ist, dass wir nicht nur unter zuviel sondern auch an zuwenig gesellschaftlichem Druck leiden. Keinen sozialen Druck zu spüren, bedeutet noch nicht, frei zu sein. Auf allen Gebieten alles tun zu können, auch nicht. Es überfordert die meisten Menschen und macht sie nicht glücklich. Wenn der junge Mann „weiß", dass er seiner Angebeteten beim ersten Besuch Blumen mitzubringen hat, dann mag das für ihn teuer oder unbequem oder albern sein, aber zumindest sind klare Verhältnisse da, an denen er sich orientieren kann. Er kann der Konvention folgen oder Persönlichkeit zeigen, indem er gegen die gesellschaftliche Vorschrift verstößt. Wenn die gesellschaftlichen Normen nicht regeln, ob und was er mitbringen soll, kann dies zu einem Problem werden. Er muss dann seine Aufmerksamkeit selbst verantworten. Und das ist stressreicher als einer Konvention zu folgen.

Konventionen gegen Selbstverwirklichung

Gesellschaftlicher Druck und Konventionen mögen manchmal als Last empfunden werden, aber zumindest erlauben sie uns eine klare Orientierung. Ohne diese Normen müssten wir jede zwischenmenschliche Situation selbst regeln – ein Stress unvorstellbaren Ausmaßes!

Kultur macht nicht zwangsläufig krank. Hier irrte Freud. Es lässt sich nicht nur Unbehagen, sondern viel häufiger auch „Behagen in der Kultur" feststellen. Wenn nichts mehr selbstverständlich ist, wenn alles diskutiert und immer wieder neu entschieden werden muss, wenn der Mensch durch die Fülle der Wahlmöglichkeiten für sein persönliches Verhalten keine Orientierung mehr findet, entsteht stress-reiches Unbehagen, weil die Kultur dem Menschen nicht mehr genug Anleitung gibt. Der Mensch geht dann jenen Weg, den Sigmund Freuds großer Nachfahre Erich Fromm in einem Buch mit dem Titel „Flucht vor der Freiheit" beschrieben hat, den Weg der Intoleranz gegenüber anderen, anders denkenden, anders aussehenden Menschen.

Stabile Werte: ein Grundbedürfnis

Wir Menschen haben ein Grundbedürfnis, das in der Wahlpropaganda konservativer (und leider auch rechtsradikaler) Parteien aufgegriffen wird: Ordnung, Stabilität, „keine Experimente". Der wahre Kern am Konservativ-Sein ist: Der Mensch braucht eine überschaubare Welt. Nicht-Überschaubarkeit macht auf Dauer krank.

Menschlichkeit hält uns gesund

Eine neue Studie der an der Technischen Universität Dresden beweist dies überdeutlich: Arbeitslosigkeit kann Menschen krank machen. Die Dresdner Psychologen aber fanden in ihrer Untersuchung, dass Angst vor der Arbeitslosigkeit noch stärker belastet. Unsicherheit gefährdet die Gesundheit stärker als wenn der befürchtete Schaden letztlich eintritt.

Das Phänomen Angst, häufige seelische Begleiterscheinung von Stress, ist weit verbreitet. In einer Untersuchung von Professor Winfried Panse, Fachhochschule Köln, an 1.200 Arbeitnehmern aller Hierarchie-Ebenen zeigte sich zum Beispiel:

- ✘ 92,8 Prozent haben Angst um ihren Arbeitsplatz
- ✘ 83,9 Prozent wünschen sich ihren Vorgesetzten hilfsbereiter, ehrlicher und offener
- ✘ 63,7 Prozent fühlen sich überfordert

- ✘ 45,6 Prozent befürchten Schwierigkeiten am Arbeitsplatz durch Gesundheitsprobleme
- ✘ 39,4 Prozent befürchten, dass ein Kollege ihren Arbeitsplatz bedroht
- ✘ 38,9 Prozent haben Angst vor Problemen im Betrieb wegen ihres Alters.

Längst nicht allen ist das wirklich bewusst. Denn Angst ist ein schleichendes Gift.

Konservatismus?

Leider sind die konservativen Parteien heute diejenigen, die die totale Abkehr von ihren eigenen Werten am stärksten fördern und so Angst und Unsicherheit forcieren.

Die politische und wirtschaftliche Stimmung fördert die allgemeine Unsicherheit. Das Stichwort dazu ist „Globalisierung", man befürchtet die Abkehr von allen gewachsenen Traditionen. Gepredigt wird der Bruch mit allen menschlichen Werten und Bindungen und eine Lebenshaltung, die in der langen Liste auf den Seiten 67 ff. beschrieben wird: Wettbewerbseinstellung gegenüber anderen, Kampf, Durchsetzen, Neid ... der ganze Beichtspiegel, den wir dort aufgezählt haben, lohnt sich, durchgegangen zu werden. Denn diese Haltungen bereiten Stress – anderen Menschen, aber eben auch uns selbst.

In einer schweren Lebenskrise gesund bleiben

Medizinische Laien wissen gut darüber Bescheid, wie sie sich gegen gesundheitsschädigende Folgen von Lebenskrisen schützen können. Patienten eines deutschen Krankenhauses wurden gebeten, den Satz zu vervollständigen:
Um trotz einer schweren Lebenskrise gesund zu bleiben, ist hilfreich ...
Als Ergänzungen genannt wurden:

- ✘ Unterstützung durch Familie und Freunde 62 %
- ✘ kämpfen, willensstark sein 33 %
- ✘ nicht verdrängen 24 %
- ✘ religiöse Überzeugung haben 23 %
- ✘ optimistisch sein, positive Erwartung haben 21 %
- ✘ in der Krise einen mögliche Sinn suchen 18 %
- ✘ professionellen Rat suchen 15 %
- ✘ auf bisherige Bewältigungsstrategien und Stärken zurückblicken können 13 %
- ✘ das eigene Schicksal akzeptieren 13 %
- ✘ sich durch Arbeit ablenken, nicht Grübeln 10 %
- ✘ denken, es gibt noch Schlimmeres 8 %
- ✘ darauf Vertrauen, dass Zeit die Wunden heilt 8 %
- ✘ sich eine Weile gehen lassen, Trauer und Wut ausleben 5 %

Stress im Arbeitsleben: Was uns alles kaputt machen kann

Der Ungeduldige lebt vorweg genommene Zukunft. Er lebt in Bildern der Zukunft, denen die Wirklichkeit einer Gegenwart nie entsprechen wird. Er ist ein ewig Enttäuschter.

(Gustav Radbruch)

Stress bedroht unsere Gesundheit und nimmt uns unsere Lebensfreude. Hier folgt eine Liste mit Stress auslösenden Faktoren – manche sind bekannt, andere noch kaum beachtet. Nutzen Sie die Aufzählung als Checkliste, um Stress zu erkennen:

Stress-Checkliste

Stress kann lebensbedrohend wirken. Mit Hilfe der folgenden Checkliste können Sie darüber nachdenken, wie es in Ihrem Leben aussieht.

1. Gifte im Büro: Immer noch werden Baumaterialien verwendet, die krank machen. Man spricht heute vom „sick building“-Syndrom. Wenn Sie sich an Ihrem Arbeitsplatz unwohl fühlen – lassen Sie sich das nicht von anderen Menschen ausreden. „Kranke Gebäude“ mit ihren Wohngiften greifen nicht alle Menschen an. Aber Menschen, die bereits stressgeplagt sind, sehr wohl.

Was erleben Sie am Arbeitsplatz?

Angst um den Arbeitsplatz, großer Termindruck, Langeweile, Mobbing oder große Konkurrenz unter Kollegen: dies alles fördert nicht gerade Ihre Gesundheit.

2. Ängste – etwa um die Sicherheit des Arbeitsplatzes: Angst macht krank.
3. Von anderen auferlegter Termindruck: Wer seine Termine selbst bestimmt, kann sich ziemlich viel aufpacken; wer Druck von oben weitergereicht bekommt und seine Arbeitszeit nicht nach eigenen Bedürfnissen gestalten kann, ist gefährdet.
4. Langweilige Arbeit: Kontrolleinrichtungen überwachen, Briefe tippen, immer dieselben Handgriffe ausüben – all dies macht nicht etwa stressfrei, sondern erzeugt Stress. Gefordert wird nämlich eine höhere Konzentration. Und passiert einmal ein Fehler, sagt jeder: „Bei Ihrem einfachen Job …“
5. Bossing: Chefs reichen ihren eigenen Stress nach unten durch.
6. Mobbing: Kollegen terrorisieren Kollegen
7. Wettbewerbsorientierung unter Kollegen: Das zerstört „social support“ und Teamfähigkeit.
8. Mehrfacharbeit: Einen Brief abschreiben, dazwischen Telefonanrufe entgegennehmen und mit einem schwatzhaften Kollegen im Zimmer sitzen – das allein reicht schon aus, um die meisten Menschen zu überlasten. Kommt dann noch Termindruck dazu, gibt es einen ausgeprägten Arbeits-Stress. Stress ist nämlich fast immer die Summe kleiner, ja trivialer Dinge.

9. Beförderungen: Ja, sogar sie können Stress machen, und es sind zumeist nicht die neuen erweiterten Aufgaben, sondern wiederum Klein-Details: viel Papierkram, gesellschaftliche Verpflichtungen in der neuen Position, Änderungen der Garderobe, zwei Telefone auf dem Schreibtisch (und beide läuten meist gleichzeitig), zu einer Sitzung unterwegs sein und der Fahrstuhl kommt nicht – dies alles kann sich zu großem Stress summieren. Und noch etwas: Der große Fachkönner und Ellenbogenmensch hat's endlich geschafft, er wird Abteilungsleiter. Plötzlich muss er die kleinen Schwächen der anderen Menschen registrieren und ernst nehmen, weil sie ja für ihn arbeiten. Früher hat er sich über die Kollegen mit Problemen hinweggesetzt, jetzt muss er lernen, damit umgehen.

Auch der berufliche Aufstieg stresst

Wenn Sie befördert worden sind, stürmen eine Reihe von neuen Aufgaben und Herausforderungen auf Sie ein, oft von einem Tag auf den anderen. Zudem wollen Sie sich gerade jetzt keine Blöße geben ... Achtung: Die Summe der oftmals kleinen Irritationen kann schnell ein gesundes Maß überschreiten.

Sind Sie entscheidungsfreudig?

Oft müssen Entscheidungen sehr schnell getroffen werden – und Sie haben keine Zeit, das Für und Wider mit Bedacht abzuwägen, obwohl die Konsequenzen weitreichend sind. Besonders Hochschulabgänger sind auf diese Anforderung des Berufsalltags schlecht vorbereitet.

10. Zwang, Entscheidungen zu treffen: Hierunter leiden viele Hochschul-Absolventen. Jahre lang haben sie die Suche nach der letzten Wahrheit und nach der Begründbarkeit ihrer Worte und Entscheidungen eingebläut bekommen. Jedes Risiko musste durch weitere Forschungen minimiert werden. Doch dann am Arbeitsplatz: Die Konkurrenzfirma bringt ein neues Produkt auf den Markt; oder es gibt einen Posten Rohmaterial günstig einzukaufen, über dessen Verwendung allerdings noch nicht entschieden ist; ein Mitarbeiter verlangt mehr Geld und droht mit Angeboten anderer Firmen – blufft er? Entscheidungen müssen getroffen werden, die hoch risikobehaftet sind. Sie müssen aus dem Bauch kommen, nicht mehr aus der kühlen Abgeklärtheit des Kopfes. Stress ist die Folge, wenn man jahrelang nur den

Kopf geschult und den Rest des Menschseins vernachlässigt hat.

11. Häufiges Reisen: Dass Reisen Stress bedeutet, wagt man sich kaum einzugestehen. Neue Orte, neue Eindrücke, die Belastung, ein Ergebnis von der Reise mitzubringen, das die Kosten rechtfertigt ...
12. Eigene Fehler: Karriere-Typen erzeugen von sich das Image, ständig fehlerfrei zu sein – ein unnötiger und selbst auferlegter Stress, denn nur wer nichts macht, macht keine Fehler. Trotzdem fällt es vielen Menschen schwer, sich zu eigenen Fehlern zu bekennen. Sie müssten dann ja eine menschliche Seite von sich offenbaren – und so, wie man ist, will man nun einmal partout nicht gesehen werden.
13. Körperlich anstrengende Arbeitsplätze: Den größten Teil des Tages am Schreibtisch zu sitzen, bringt schädlichen Dauerstress.
14. Zu viel arbeiten: Karriere machen, mehr Termine ausmachen, als in einen normalen Tag hinein zu bekommen sind – von hundert Herzpatienten einer amerikanischen Stichprobe hatten 70 eine Arbeitszeit von mehr als 60 Wochenstunden oder einen Zweitjob.
15. Emotionale Probleme: Auch wenn Sie jung sind und in der Blüte Ihrer Kraft stehen – treten Sie mit der beruflichen Belastung kürzer, wenn Sie emotionale Probleme haben. Die Mischung aus Arbeitsüberlastung und persönlichen Problemen hat in einer ebenfalls amerikanischen Studie in 91 Prozent der Fälle einem Herzanfall zugrunde gelegen. Gleicher Job-Stress bei Fehlen persönlicher Probleme mindert das Risiko auf 20 Prozent.

Emotionale Probleme und Arbeitsbelastung

Wenn Sie persönliche, emotionale Probleme haben, dann treten Sie möglichst im Beruf etwas kürzer. Viele Herzattacken können auf diese Kombination von Stressfaktoren zurückgeführt werden.

16. (Qualitative) Überforderung: Eine Untersuchung an amerikanischen Universitätsprofessoren hat erbracht, dass manche das nicht leisten konnten, was von ihnen erwartet wurde. Für sie hieß diese ständige qualitative Überforderung Stress; zudem: geringe Selbstachtung und dadurch weiterer Stress.

Über- und Unterforderung

Sowohl die Angst, hohe Erwartungen zu enttäuschen als auch der Frust, nicht das zeigen zu dürfen, was man kann, sind extrem belastend für uns.

17. Unterforderung: Sich langweilen, ohne zeigen zu dürfen, was man kann – auch das macht Stress. Nichts ist anstrengender als Langeweile, wenn man sich nicht offen zu ihr bekennen darf. Nichts ist schlimmer, als irgendwo die Zeit absitzen zu müssen, wenn „draußen" das Leben an einem vorbeiläuft.
18. Keine genaue Aufgabenbeschreibung: Was genau muss ich tun? Was macht jemand anderes (was also darf oder brauche ich nicht zu tun)? Diese Fragen, wenn sie ungeklärt sind, erzeugen Unsicherheit und damit Stress. Genauso schädlich ist es, wenn man die eigene Arbeit in ihrer Bedeutung für den Gesamt-Arbeitsablauf nicht abschätzen kann.
19. Konflikte zwischen persönlichen Interessen und denen des Arbeitgebers: Viele Menschen arbeiten heute an Dingen, an die sie nicht mehr so recht glauben. Ärzte haben oft keine Zeit für Patienten, obwohl Zeit, die der Arzt ihnen gibt, viele Wunden der Patienten heilen könnte. Lehrer fordern gegen die eigene Überzeugung Disziplin von Schülern und setzen sie unter Noten-Druck (Stress!), obwohl sie wissen, wie unpädagogisch das ist, was die Schulbehörde da von ihnen verlangt. Endlos ist diese Liste. Für dieses Anarbeiten gegen unsere eigenen Bedürfnisse zahlen wir einen hohen Preis. Er heißt „Stress", wissenschaftlich nachgewiesen in vielen Untersuchungen.

Persönliche Überzeugung und Interesse des Arbeitgebers

Müssen Sie im Beruf eine Meinung nach außen vertreten, der Sie privat entschieden widersprechen würden? Müssen Sie Druck auf andere ausüben mit einer Begründung, die Sie nicht für vertretbar halten? Hält dieser Konflikt länger an, müssen Sie wahrscheinlich einen hohen Preis bezahlen.

20. Verantwortung für Menschen: Die amerikanischen Arbeitsforscher J. R. French und R. D. Caplan haben nachgewiesen, dass Manager, die in erster Linie für Menschen und nicht für Sachen Verantwortung tragen, besonders hohem Stress unterliegen. Sie rauchen mehr, haben erhöhten Blutdruck und einen erhöhten Cholesterinspiegel im Blut. Eine der Ursachen für diesen Stress kennen Sie ja schon bereits: Die Zeit, die man für Menschen braucht, wird auch nach jahrelanger Erfahrung noch immer unterschätzt. Dadurch kommt es zu Termindruck: Man lässt andere Menschen, die zur nächsten Besprechung bestellt waren, warten, für die man dann noch weniger Zeit hat, als die ohnehin zumeist schon zu

gering bemessene Planung vorgesehen hat, usw.

21. Geringer „social support“: Werden Vorgesetzte als wenig rücksichtsvoll erlebt und/oder gibt es Unsicherheiten über die Aufgabenverteilung (Punkt 18) und/oder zu schlechte Kommunikation, dann sind die Folgen Unsicherheit und Misstrauen, und dadurch entsteht Stress.
22. Angst des Vorgesetzten: Untergebene haben indirekt sehr viel Macht, denn es gibt viele Möglichkeiten, von unten nach oben Stress zu erzeugen: Dienst nach Vorschrift, ständiges Fragen, bewusst blocken, alles immer etwas langsamer machen als erforderlich – besonders wenn es mal brennt –, immer einen Flunsch ziehen, wenn neue Arbeit kommt. Speziell Manager, die aus technischen Berufen in Positionen kommen, in denen Menschenführung eine wichtige Rolle spielt, zeigen sich dem oft nicht gewachsen.

Stress von unten nach oben

Auch Untergebene können ihren Vorgesetzten auflaufen lassen. Wenn dieser nicht mit Menschenführung vertraut ist, wird es schwer und vor allem ausgesprochen stressig werden, diesen passiven Widerstand zu brechen ...

23. Konkurrenz: In seinem Roman „Was geschah mit Siocum?“ lässt Joseph Heller seinen Titelhelden, einen Manager, sagen: „Ich fühle mich immer sehr sicher und überlegen, wenn ich hinter verschlossener Tür im Büro von jemandem sitze und sich die anderen draußen Gedanken darüber machen, was hier drin wohl passiert.“ Nur zu oft sind Gedanken Sorgen, und Sorgen erzeugen Stress.
24. Das Peter-Prinzip: Der amerikanische Sozialforscher Peter Lawrence hat ein Prinzip entdeckt, nach dem jeder Mensch bis an die Grenze seiner Inkompetenz befördert wird. Sein Ausgangsbeispiel waren Karrieren in der Schulverwaltung. Dort hat man gute Lehrer zu (oft leider miserablen) Leitern von Schulverwaltungen befördert – andere Beispiele kennen Sie selbst. Wer zu weit aufgestiegen ist, muss sehr viel tun, um eigene Unsicherheit zu verbergen. Das ist eine große Belastung. Und unsere Gesellschaft ist so unmenschlich, dass sie eigentlich kaum jemandem erlaubt, seine Überforderung offen einzugestehen.
25. Zu wenig weit aufgestiegen: Genauso schlimm oder vielleicht noch schlimmer, weil weniger gut bezahlt, ist das Gegenteil des Peter-Prinzips: fachlich und menschlich besser qualifiziert zu sein als der Vorgesetzte und den dann mit „durchziehen“ zu müssen – be-

sonders, wenn dieser nicht die Courage hat, seine Mängel einzugestehen. Das kostet Zeit und Nerven.

Befördert bis zur Inkompetenz
Ein guter Lehrer muss noch lange kein guter Schuldirektor sein. Aber in Ehren zu sagen: „Ich habe mich getäuscht, ich gehe wieder eine Stufe zurück und werde wieder ein glücklicher und erfolgreicher Lehrer, anstatt ein schlechter Schulverwaltungsmann zu sein", diese Offenheit wird heute immer noch nicht honoriert.

26. Stress durch die Tatsache, überhaupt einen Arbeitsplatz zu haben: Das klingt in Zeiten hoher Arbeitslosigkeit wie Hohn, ist es aber nicht. Wer Mitglied einer Firma ist, muss sich den dort herrschenden Normen unterwerfen – manchmal gegen die eigene Überzeugung (siehe Punkt 22). Aber selbst wer den inhaltlichen Zielen seiner Firma oder Dienststelle weitgehend zustimmt, wird viel Stress durch den vorherrschenden Arbeitsstil finden können: Zeitregelungen, die eines erwachsenen Menschen eigentlich unwürdig sind, bestimmte Arten, Briefe zu schreiben, die dem eigenen Stil nicht entsprechen – und wieder beginnt die Kette vom Sich-nicht-ernst-genommen-Fühlen zu Verunsicherung und zu Stress.
27. Nachtarbeit: Körperliche Vorgänge laufen nach einem gewissen periodischen Schema zwischen Aktivität und Ruhe ab. Aus einem Tag- in einen Nachtrhythmus zu wechseln, bedeutet, dem Körper dann Aktivität abzuverlangen, wenn er sich selbst auf Ruhe gestellt hat. Sie erinnern sich: „Stress entsteht, wenn wir gegen unsere wirklichen Bedürfnisse anleben." Weiterer Stress entsteht, wenn Nachtarbeiter in einer Familie leben und Ruhe brauchen, wenn die Kinder wach sind, oder weil sie keine Zeit für Partner-Gespräche haben, für Freundschaften, für Aufbau und Unterhalt eines „social support"-Systems.
28. Unregelmäßige Arbeitszeit: (siehe Punkt 27)
29. Schlafen, ohne zu träumen: Träume sind eine Aufräumarbeit für Körper, Geist und Seele. Vieles davon wird in den frühen Morgenstunden vorm Aufstehen in einem Halbwach-Zustand geleistet. Typische Kurzschläfer bringen sich um diese Erfahrung. Sie schalten um auf hellwach, wenn sie sich ihren inneren Botschaften zuwenden sollten. Auch hier: ein Anleben gegen seelisch-körperliche Vorgänge, das Stress produzieren und/oder ein Zeichen für Stress sein kann.

Träumen Sie!

Beim Träumen erholen sich Ihr Gehirn und Ihre Seele. Wenn Sie ein typischer Kurzschläfer sind, verhindern Sie diese wichtige Regenerationsphase, was zum einen Stress produziert, zum anderen ein Hinweis auf Stress sein kann. Auch Tagträume gehören zu einem stressfreien Leben.

30. Keine (Zeit für) Tagträume haben: Besinnliche traumähnliche Momente gehören auch während des Tages zum stressfreien Leben. Fehlen sie, gilt, was eben unter Punkt 29 gesagt wurde.
31. Kaum Leerlauf während des Tages haben: Wir sind es gewohnt, unseren Tag in Arbeit und Freizeit einzuteilen. Dabei ist die vorhandene Freizeit zumeist voller Aktivitäten, voller Informations-Input: Fernsehen, ein mehr oder weniger gutes Buch lesen, Theater-Besuch, Konzert, Tennis, gesellschaftliche Verpflichtungen und so weiter. Körper, Geist und Seele aber brauchen mehr (besser gesagt: weniger!): nämlich Zeit, in der wir völlig sinnlose Gespräche mit Menschen führen, losplappern, ungezwungen lachen, Dinge ungeschminkt und unzensiert von uns geben. Das sind ungeheuer befriedigende Momente für uns.
32. Körperliche und seelische Beschwerden: Der dänische Arbeitswissenschaftler E.J. Andersen hat herausgefunden, dass etwa 34 Prozent der Schichtarbeiter, aber nur zehn Prozent der Tagesarbeiter über Magenbeschwerden klagen. Ähnliche Zahlen gibt es für alle anderen, bekanntermaßen mit Stress zusammenhängenden Krankheitsbilder: Herz/Kreislauf, Bluthochdruck, „Nervosität“, Kopfschmerzen, Reizbarkeit, depressive Stimmungslage, Gliederschmerzen oder abgestumpfte Glieder. Wer also von der Arbeit bereits gestresst ist, handelt sich durch Krankheiten weiteren Stress ein.

Freie Zeit, nicht Freizeit

Wenn Sie es schaffen, einmal am Tag wirklich freie Zeit zu haben, in der Sie einfach nichts tun ... oder das, wonach Ihnen gerade ist: Dann leben Sie zumindest in diesem Momenten nicht gegen Ihre eigenen Bedürfnisse.

33. Arbeit an Bildschirmen: Bildschirmarbeit auf unkreativem Niveau entfernt Stolz und Befriedigung aus der eigenen Tätigkeit. Ein Sachbearbeiter hatte früher morgens einen Stapel von Dingen links neben sich, und abends hatte er den Stapel erledigt rechts neben sich. Heute steht der

Bildschirmarbeiter abends erledigt neben sich selbst. Was er geleistet hat, ist nämlich unsichtbar, nicht vorzeigbar. Es ist im Computer verschwunden wie ein sich selbst auflösender Stern in einem „schwarzen Loch". Vergleichen Sie diesen Zustand einmal mit dem Stolz eines Handwerkers, der am Feierabend ein Werkstück noch einmal in die Hand nimmt und darüber sinniert. Dies wird dem Bildschirmarbeiter unmöglich gemacht.

Bildschirmarbeit

Besonders unkreative Bildschirmarbeit kann sich ausgesprochen belastend auswirken: Wir sehen kein Ergebnis, es ist einfach im Computer verschwunden. Das fördert nicht unbedingt den Stolz auf die eigene Leistung und die Zufriedenheit mit dem Arbeitsplatz.

34. Lichtstress: Arbeitswissenschaftler wissen seit langem, dass zum Beispiel Leuchtröhren zu vermehrter Ausschüttung von Stresshormonen beitragen. Arbeiten Sie weitgehend unter Kunstlicht? Haben Sie je daran gedacht, dass Ihre „Nervosität" mit dieser einfachen Tatsache zusammenhängen könnte.
35. Lärm: Lärm aktiviert den Körper, den Geist und die Seele in der für den Beginn einer Stress-Sequenz beschriebenen typischen Weise. Dauerlärm – etwa an Maschinenarbeitsplätzen – hält den Körper in dieser Aktivierung. Hingegen ist Lärm in einer Disko, in der die Aktivierung herausgetanzt werden kann, zwar fürs Gehör schädlich, bereitet aber keinen Stress, sondern baut ihn ab. Arbeiter an „unruhigen" Arbeitsplätzen klagen häufiger über Rückenschmerzen, Herzbeschwerden oder Glieder- und Gelenkschmerzen als von Lärm unbelastete Kollegen.
36. Monotonie: Der Körper passt sich in der Regel schnell an äußere Umstände an. Wird an einem Arbeitsplatz die ständig gleiche Verrichtung gefordert, dann läuft sie routinemäßig „über das Rückenmark" ab. Die Folge: Das Nervensystem wird mit Reizen und Input unterversorgt. Dadurch wird der Körper auf Ruhe gestellt, und Arbeitswissenschaftler nehmen an, dass dabei genau jene

Hoher Lärmpegel am Arbeitsplatz

Dauerlärm am Arbeitsplatz hält den Körper unter Dauerstress. Besonders gefährlich für die Gesundheit wird es dann, wenn diese Belastung körperlich nicht abreagiert werden kann.

Mechanismen ablaufen, die als Wirkung des parasympathischen Nervensystems beschrieben worden sind. Dieser auf Ruhe programmierte Körper soll gleichwohl arbeiten – ein Angehen gegen ein Grundbedürfnis. Die Folge: Es entsteht Stress durch Überforderung auf einem sehr geringen Aktivierungsniveau.

Monotonie tötet Engagement
Bei monotoner Arbeit wird der Körper nicht mehr mit stimulierenden Reizen versorgt, und das parasympathische Nervensystem schaltet den Körper auf Ruhe um. Schwierig wird die Situation, wenn man jetzt immer noch – die selbe monotone – Arbeit verrichten muss.

37. Rationalisierung von Arbeitsvollzügen: Arbeit besser und in kleinen, überschaubaren Schritten zu organisieren, ist eine Hilfe gegen Stress durch Überforderung. Sie zu stark zu organisieren, birgt das Problem der Unterforderung, der Monotonie, der fehlenden Gesamtauslastung von Körper, Geist und Seele.
38. De-Qualifizierung: Der Mensch muss unter gewissen Anforderungen an Körper, Geist und Seele stehen, um glücklich zu sein. Wenn nicht, gibt es Monotonie-Stress (siehe Punkt 37).
39. Isolation: In vielen Firmen wird bei der Arbeitsorganisation darauf geachtet, dass Zeit für stress-lösende persönlichen Begegnungen bleibt.
40. Zu enger Kontakt: Jeder Mensch braucht ein Territorium, das sein eigenes sein muss, sonst fühlt er sich bedroht und steht unter Stress. In vielen Büros muss aber oft auf engstem Raum gearbeitet werden. Es gibt nicht genug Platz, um die Arbeitsunterlagen auszubreiten, ständig muss sortiert und umsortiert werden. Stauraum für private Dinge fehlt. Oft findet man Unterlagen der Kollegen auf dem eigenen Schreibtisch. Zudem ist man unter ständiger Beobachtung. Alles, was man macht, wird bemerkt und oft genug auch kommentiert. Wie anstrengend ungesuchte Nähe sein kann, wissen wir alle aus der typischen Fahrstuhl-Situation. Leute stehen unbequem, fixieren die Stockwerks-Anzeige oder suchen sonst einen Halt für die Augen. Es wird nicht frei gesprochen – kurz: eine ungemütliche Situation.

Raum für Privatsphäre – auch am Arbeitsplatz
Arbeiten auf engstem Raum: größer kann der Stress am Arbeitsplatz nicht mehr werden. Die erzwungene Nähe, in der man keine Minute von den Kollegen unbeobachtet ist, zerrt an den Nerven.

41. „Überflüssig sein". Ältere Menschen (so ab 40) erhalten immer deutlichere Hinweise, dass jüngere Kollegen billiger, aber genauso gut sind. Dabei entsteht Stress (ähnlich, wie unter Punkt 2 erwähnt) durch Sorge um den Arbeitsplatz.

Ein Arbeitsleben ist ohne Stress nicht denkbar. Übrigens: auch Ihr Arbeitsleben nicht. Stress trifft uns alle. Er ist der gemeinsame Nenner, auf den wir unser aller Leben bringen können. Frage: Wollen Sie Ihren Stress überhaupt loswerden? Bitte kreuzen Sie im Folgenden alle Aussagen an, von denen Sie sagen: „Das passt auf meine jetzige Situation."

Stress gehört zum Leben
Jeder hat in seinem Leben Stress. Die Frage ist nur, wie viel. Und die Frage ist auch, was Sie daran ändern wollen – und was nicht.

- ✘ Ich stehe vor der Lösung beruflicher Probleme, Jetzt aufgeben, hieße: Jahre des Lebens als verloren ansehen.
- ✘ Auch privat gibt es Dinge, deren Klärung sich abzeichnet. Jetzt auf die Klärung zu verzichten, hieße, Jahre der Mühe, der Sorgen und kreativen Gedanken in den Wind zu schreiben.
- ✘ In der persönlichen Entwicklung fühle ich, dass ein Durchbruch bevorsteht, dass sich die Dinge ordnen. Dann weiß ich endlich, was ich für alle absehbare Zukunft vom Leben zu erwarten habe.
- ✘ Ich habe mich lange nicht um meine Gesundheit gekümmert. Das werde ich bald nachholen.
- ✘ Ich „funktioniere" im Moment nicht mehr so gut. Das wird sich in absehbarer Zeit ändern.
- ✘ Ich möchte vielen Menschen etwas erklären. Ich warte nur noch auf die Gelegenheit dazu.
- ✘ Meine finanzielle Situation ist nicht optimal. Hier muss es noch einmal zu einer „Wende" kommen.
- ✘ Sexuelle Erfüllung ist mir heute ferner als irgendwann einmal früher. Auf diesem Gebiet wird in Zukunft etwas geschehen müssen.
- ✘ Im Moment kommt es „ein bisschen dicke". In einem Jahr aber wird sich das geändert haben.
- ✘ Zeitlich bin ich sehr stark eingespannt. Aber ich habe schon einen Plan, wie sich die Dinge bessern.

Die Fragen sind so „gebaut", dass jedes „Ja" Ihnen einen Hinweis auf Stress in Ihrem Leben gibt. Dieser Stress entsteht dadurch, dass Sie nicht wirklich in der Gegenwart leben. Vielen Menschen geht es so. Sie sehen ihr Leben an als

a) verankert in der Vergangenheit. Es gibt eine „Erblast" aus der Vergangenheit. Sie muss bewältigt werden.

b) Der zweite Lebensanker ist die Zukunft. Im Moment sind die Umstände vielleicht nicht optimal. Aber die Hoffnung hält die Menschen aufrecht, dass sich alles wendet. Bald schon.
c) Die Gegenwart ist dabei so stark durch äußere Umstände (Aufgaben, Pflichten) geprägt, dass man vor ihr abtaucht – und höchstens Pläne macht, wie es besser werden könnte.

Vergangenheit – Gegenwart – Zukunft

Arbeiten Sie in Ihrem jetzigen Leben noch Erblasten aus der Vergangenheit ab? Oder strengen Sie sich jetzt so an, um in der Zukunft etwas zu erreichen? Beide Einstellungen bergen eine große Gefahr: Sie spüren die Gegenwart und damit sich selbst nicht mehr.

Menschen mit dieser Einstellung leben nicht in der Gegenwart, schlagen noch einmal die Schlachten der Vergangenheit und erahnen die Siege der Zukunft. Was das mit Stress zu tun hat? Es fördert die Tendenz, uns selbst nicht wahrzunehmen. Wir spüren nicht wirklich, wie es uns geht. Der bereits erwähnte Robert S. Eliot – ein Herz-Spezialist – berichtet, das er viele Infarkt-Patienten kennt, die sich selbst erst wieder gespürt haben, als sie einen Infarkt bekommen hatten. Ironie des Schicksals: Eliot selbst hat vor lauter Arbeit nicht gespürt, dass ein Infarkt nahte – dann „plötzlich spürte ich einen starken Druckschmerz im Brustbereich, der sich über Schultern, Hals und Kiefer bis in beide Arme fortsetzte. Das Atmen fiel mir schwer. Ich wußte: Das Spiel ist aus. Ich diagnostizierte meinen eigenen Zustand: Myokardinfarkt. Ich informierte die Oberschwester und bat um ein freies Bett.“ Drei Monate hat es gedauert, bis sich Eliot erholte. Während dieser Zeit dachte er über sein Leben nach und kam zu dem Schluss: „Zum ersten Mal wurde mir bewusst, dass das Leben zu einer freudlosen Tretmühle geworden war. Ich fragte mich: Lohnt es sich, dafür zu sterben?“

Sterben für ein Spiel mit dem Leben?

Wenn Ihr Leben zu einer freudlosen Hetze geworden ist, sollten Sie innehalten und sich bewusst fragen: Lohnt es sich wirklich, dafür zu sterben? Denn Sie spüren nicht mehr wirklich, wie es Ihnen geht.

Wenn selbst ein bedeutender Mediziner und Herzspezialist die Zeichen seines Körpers nicht bemerkt, weil seine Pläne aus der Vergangenheit und seine Hoffnungen auf die Zukunft seinen Verstand besetzt halten, wie groß sind dann bei uns gewöhnlichen, ebenfalls Sterblichen die Chancen?

Stress ist, wenn nichts mehr passiert

Langeweile ist der nicht erklärte Krieg
zwischen Angst und Hoffnung

(Friedrich Nietzsche)

Stress sehen wir meist in Zusammenhang mit „Action" und Aufregungen. Stress entsteht aber auch, wenn ein Mensch darunter leidet, dass zu wenig in seinem Leben passiert. Beispiele sind Arbeitslose, Hausfrauen wider Willen, Menschen, die beruflich unterfordert sind, junge Menschen ohne Aussicht auf einen Job und eine sinnvolle Betätigung im Leben.

Was ist eine Depression?

Der Begriff der Depression kann am besten über das Bild des Pendels erklärt werden: Die ausgleichende Bewegung nach der Aktivierung der Körpers geht über den harmonisierenden Punkt der Ruhe und Entspannung hinaus.

Fragen dieser Art finden Sie zumeist nicht unter dem Thema „Stress" behandelt, sondern manchmal unter dem der „Depression". Lassen Sie uns verstehen, was Depression ist. Dazu hilft unser Stressmodell der drei Phasen Alarmreaktion, Widerstandsphase, Erschöpfungsphase: Depression ist die ausgleichende Pendelbewegung weg von der Aktivierung und über den Punkt der Ruhe und Entspannung hinaus.

Dass jahrelange Sorge um den Arbeitsplatz sich bei tatsächlich eintretender Arbeitslosigkeit zu einem depressiven Zustand entwickelt, erscheint nachvollziehbar. Dass eine beruflich qualifizierte Ehefrau ihre Karriere abbrechen muss, um sich als Putzfrau, Hausgehilfin und Kindermädchen wiederzufinden, kann ebenfalls zu depressiven Verstimmungen führen – wieder im Sinne des Pendelausschlages als Gegenaktion auf ständiges Hoffen, auf ständige Erinnerung an die Zeiten der beruflichen Aufregung und Anspannung.

Was aber ist Depression tatsächlich? Die Versuchstiere des Psychiaters Curt Richter (Siehe S. 71 ff.) geben uns ein besseres Bild davon: ein Sich-absacken-Lassen – bei den Tieren wortwörtlich, bei Menschen im übertragenen Sinn. Richter hat auch demonstriert, wie dieser Zustand umgangen werden kann. Er brachte die Tiere für wenige Minuten an einen sicheren Platz. Dort erfuhren sie, dass es Hilfe gibt, und das hat ihre Lebenskräfte und ihr Selbstvertrauen neu mobilisiert.

Neuer Lebensmut durch Pausen

Stehen Sie kurz davor, sich aufzugeben? Klicken Sie sich einfach eine kurze Zeit aus Ihrem Kampf aus und schöpfen Sie neue Kräfte und neues Selbstvertrauen. Am besten suchen Sie sich Menschen, die Ihnen bei Ihrer Verschnaufpause helfen und Ihnen beistehen. Das ist der nächstliegende Weg aus Ihrer Krise.

Doch ein Mensch, der nicht fühlt, wie es ihm selbst geht, wird sein Befinden auch anderen nicht zugänglich machen können. Er wird Hilfe abblocken, bis ihm nur noch schwer zu helfen ist. Viele Menschen in schwierigen Situationen suchen leider keine Unterstützung. Sie kommen nicht auf den Gedanken, das Nächstliegende zu tun und jemandem zu sagen: „Hol' mich nur für einen Moment aus meinem Kampf ums Dasein heraus." Stattdessen gehen sie weite (Um-)Wege und suchen die „psychologischen Meister" auf – in Asien oder in Management-Seminaren.

Eine schöne Anekdote aus der Zen-Überlieferung zeigt, wie wenig das In-die-Ferne-Schweifen bringt: Ein Priester rühmte sich gegenüber dem großen Zen-Meister Bankei: „Der Gründer unserer Sekte besaß so wunderbare Kräfte, dass er einen Pinsel auf einer Seite des Flussufers in der Hand halten konnte, um damit durch die Luft einen heiligen Namen auf ein Papier zu schreiben, das jemand auf der anderen Seite des Flusses hielt. Kannst du auch so wunderbare Dinge vollbringen?" Bankei antwortete mit fröhlichem Gesicht: „Vielleicht kann dein Fuchs solche Tricks vollführen, aber das ist nicht die Art des Zen. Mein Wunder ist ein anderes: Wenn ich hungrig bin, dann esse ich, und wenn ich durstig bin, trinke ich."

Stress – weil man sich in der Welt nicht erwünscht fühlt

*„Ich hoffe, Sie werfen meinen Brief nicht weg –
nur weil er von einer verwirrten Jugendlichen stammt.
Mein Problem ist, dass ich mich selbst nicht mag."*

(Aus dem Brief einer 15 jährigen)

Der Text am Anfang dieses Kapitels stammt aus dem Brief einer 15jährigen an einen Psychologen. Besser kann kaum jemand ausdrücken, was Schüchternheit ist. Und was die Folgen sind: Schüchternen Menschen wird das Leben zum Dauer-Stress.

Schüchternheit macht Stress
Die meisten Menschen kennen Schüchternheit. Aber für manche wird sie zum Dauerproblem, ja zum bestimmenden Stress-Faktor. Und wie viele tatsächlich davon betroffen ist, weiß niemand.

Wieviel schüchterne Menschen gibt es? Keiner weiß es. Die Schüchternen sind zu schüchtern, um von ihrem Problem zu reden. Die wenigen psychologischen Forschungen, die es hier gibt, zeigen:

- ✘ Etwa 80 Prozent der Bevölkerung antworten mit „Ja“ auf eine Frage wie „Kennen Sie in Ihrem Leben in der Vergangenheit oder in der Gegenwart Schüchternheit?“
- ✘ Etwa 40 Prozent geben an, momentan schüchtern zu sein.
- ✘ Etwa 25 Prozent fühlen sich „immer“ schüchtern, und für
- ✘ etwa 4 Prozent ist Schüchternheit so allumfassend, dass sie 24 Stunden am Tag („in allen Lebens-Situationen und allen Menschen gegenüber“) schüchtern sind.

Dies sind amerikanische Zahlen. Allerdings: Sie stammen aus wissenschaftlichen Untersuchungen und Tiefen-Interviews mit mehr als 5.000 Menschen, durchgeführt von einem der wichtigen Psychologen unserer Zeit, dem amerikanischen Professor Philip G. Zimbardo von der renommierten Stanford University in Kalifornien.

Gelten solche Zahlen auch für uns?

Halten sich auch bei uns nur 20 Prozent der Bevölkerung nicht für schüchtern? Liegen diese Zahlen für uns vielleicht noch höher? Liegen Sie deshalb höher, weil Schüchternheit – wie wir weiter unten sehen werden – Produkt einer strengen (und man könnte auch sagen „typisch deutschen“? Erziehung ist?

Mehr als 60 Millionen Deutsche im Stress der Schüchternheit?
Lassen Sie uns die Zahlen auf 80 Millionen Deutsche umrechnen. Dann gilt:

- ✘ 64 Millionen von 80 Millionen Menschen in Deutschland kennen das Problem der Schüchternheit aus eigener Erfahrung.
- ✘ 32 Millionen Menschen kämpfen jetzt, in diesem Moment, mit ihrer Schüchternheit.
- ✘ 20 Millionen fühlen sich sogar immer schüchtern und für immerhin noch

Schüchternheit ist weit verbreitet

Man kann ohne zu übertreiben sagen: Die Gruppe der schüchternen Menschen ist eine der größten in unserer Gesellschaft – und wäre eine der wichtigsten, wenn, ja eben wenn sie sich selbst auch wichtig nehmen und wenn die Schüchternen von ihrem Problem sprechen, sich zu ihnen bekennen würden.

- ✗ mehr als 3 Millionen Menschen in Deutschland ist Schüchternheit das lebensbestimmende Thema schlechthin.

Das Problem ist, dass die Schüchternen nicht über sich sprechen, im großen Rahmen der Gesellschaft genauso wenig wie an dem Platz, an den sie gestellt worden sind. Denn Schüchternheit

- ✗ macht es schwer, andere Menschen überhaupt kennenzulernen, Freunde zu gewinnen oder Gemeinschafts-Erlebnisse zu haben und zu genießen. Schüchternheit verhindert, dass wir
- ✗ unsere eigenen Gedanken vertreten und verteidigen
- ✗ uns für unsere Rechte einsetzen
- ✗ unsere Werte verteidigen; Schüchternheit schafft es,
- ✗ dass andere Menschen unsere Schönheit und unsere Stärken nicht erkennen
- ✗ dass wir selbst uns von anderen Menschen abwenden und gedanklich auf uns selbst fixiert bleiben,
- ✗ dass wir nicht klar denken und
- ✗ mit anderen nicht klar reden können.

Und zu „schlechterletzt" ist Schüchternheit oft begleitet von Gefühlen der

- ✗ Angst
- ✗ der Depression oder der
- ✗ Einsamkeit.

Und hier schließt sich ein Kreis: Wer schüchtern ist, hat Schwierigkeiten, auf andere Menschen zuzugehen. Die anderen werden für ihn ein Mysterium. Die anderen können ihnen größte Lebensfreude und tiefste Verzweiflung bereiten. „An einem Tag fühle ich mich toll ... am nächsten bin ich am Boden ...", sagte die 15jährige. Und sie fürchtet sogar, dass nicht nur die anderen Mädchen über sie lachen, sondern dass der Psychologe, der doch dafür bezahlt wird, anderen zu helfen, ihren Brief wegwerfen könnte.

Was ist Schüchternheit?

Schüchterne Menschen fühlen sich in der Welt nicht aufgehoben, haben Schwierigkeiten, auf andere Menschen zuzugehen. Und die anderen können ihnen größte Pein, aber auch große Freude bereiten. Schüchterne müssen immer darum buhlen, akzeptiert zu werden.

Die großen Folgen des Dauer-Stress

Die meisten schüchternen Menschen sind einsam. In einer Welt der Gruppen-Egoismen können sie nicht vom „Ich“ zum „Du“ finden. Nehmen Sie ein Fallbeispiel: Peter W., 40, von Beruf Kaufmann, kam vor einigen Jahren in die psychologische Beratung. Er war bei einem Streit mit seiner Frau Angelika „handgreiflich geworden“. Sie hatte daraufhin die Scheidung eingereicht. Peter W. war „am Boden zerstört“, wie er sagte. Die Scheidung, die er nicht wollte, erschien ihm als „gerechte Strafe“. Peter W. ist immer noch fassungslos über seinen „Ausbruch von Gewalt gegen Frauen“, wie er es selbst nannte. Dass er, der sein Leben lang ruhig und zurückhaltend war, seine Hand gegen einen Menschen erheben könnte, würde ihm niemand zutrauen.

> **Gefahren des Dauer-Stress**
>
> Die meisten schüchternen Menschen sind einsam. Sie können ihre Bedürfnisse nicht zeigen. Die Anstrengungen, sich den Ansprüchen der Umwelt anzupassen, lösen bei ihnen Dauer-Stress aus. Entlädt sich dieser Druck in einem unkontrollierten Moment, kann dies weitreichende persönliche Konsequenzen haben.

Was war passiert? Schon wenige Jahre nach der Hochzeit kriselte es in der Ehe. Ihre Sexualität lebte Angelika W. nur noch mit anderen Partnern. Peter W. wusste nichts davon, aber er ahnte es. Was ihm auffiel, war, dass Angelika – wo immer sie war – flirtete. Bei einer Hochzeit im Familienkreis war seine Frau – wie auf Festen üblich – über Stunden verschwunden. Als Peter W. einmal kurz in das für beide gemietete Zimmer hinaufgehen wollte, war der Schlüssel nicht beim Portier, und die Tür war von innen verschlossen ... „Sie tut’s also doch, sogar hier, vor der Familie,“ war sein Gedanke, der ihn nach eigenen Worten „wie ein Messer in seiner Seele“ traf. Als seine Frau einige Zeit später wieder den Saal betrat, las sie zwar die Gedanken in den Gesichtern der anderen Familienmitglieder – einen Cousin betreffend, der den ganzen Abend und auch jetzt nicht von ihrer Seite gewichen war, doch das schien sie nicht weiter zu kümmern. Als sie an ihrem Mann „vorbeirauschte“, und Peter fragte, ob sie vielleicht einmal tanzen wollte, sagte sie: „Ja“ und zog den Cousin aufs Parkett. Peter W. ging auf das Zimmer, der Schlüssel hing wieder beim Portier. Feiern? Fröhlich sein? Er nicht ! Sowieso meist nicht – das war es, was Angelika ihm immer vorgeworfen hatte. Peter legte sich schlafen, war sehr unruhig, hörte, als Angelika Stunden später ins Zimmer kam. Sie war beschwingt und beschwipst und legte sich – obwohl es getrennte Betten gab – zu Peter und fing heftig mit ihm an zu schmusen.

Das war der Moment, in dem er die Fassung verlor. Ihre Berührung empfand er nur noch als bissigen Hohn. Er wollte Angelika von sich wegschieben, spürte plötzlich eine Bewegung in seinem Arm – „so, als ob er geführt wurde" – und schlug ihr ins Gesicht. „Das", da war er spontan sicher, „würde er sich nie verzeihen und Angelika würde es sowieso nicht."

Wie Stress anerzogen wird

Was war los mit Peter W.? Dass ihm jemand so eine Frage stellte, war „eine mittlere Sensation", wie er selbst sagte. Peter hatte lange gelitten, „um fair zu sein, nicht nur wegen meiner Frau", aber er litt leise. Peter war „riesig nett, aber schüchtern" – so hatte Angelika ihn bei seinen Eltern vorab bekannt gemacht. „Nett und schüchtern, das war ich eigentlich immer", leitete Peter W. eine große Rückblende in die Jahre vor der Ehe, die Jahre der Ausbildung, der Schule und der Kindheit ein. Hier liegt der Schlüssel zum Verständnis seines Ausbruchs.

Schüchternheit beginnt im Elternhaus

Extrem schüchterne Menschen sind meistens vom Elternhaus geprägt. Sie haben nie das Gefühl kennen gelernt, dass sie in ihrer Individualität wirklich ernst genommen und akzeptiert werden. Ihr Leben war geprägt durch den Stress, die Erwartungen der Eltern zu erfüllen.

Peters Eltern hatten große Hoffnungen in ihn gesetzt. „Eigentlich, wenn ich es genau sehe, nicht in mich, sondern in ein Kind, das so aussah, wie ich, so hieß, wie ich, am Tag meiner Geburt von meiner Mutter geboren worden war – das aber einen tollen Charakter, hohe Intelligenz, großen Charme und was weiß ich nicht alles noch hatte." Aber Peter W. konnte die ehrgeizigen Ziele seiner Eltern nicht befriedigen:

- ✘ Machte er einen Fehler, bekam er eine Strafe.
- ✘ Machte er etwas richtig, wurde das wie selbstverständlich hingenommen, Lob gab es nicht.
- ✘ War er ungeschickt, erntete er Spott.
- ✘ Wollte er schmusen, wurde er „pflichtgemäß" in die Arme genommen – aber nie für lange.
- ✘ Widerworte wurden nicht geduldet. Wurden Anordnungen der Eltern nicht strikt eingehalten, bekam er Schläge.
- ✘ Wollte er mit anderen Kindern spielen, durfte er sich nicht schmutzig machen.

„Den Schneid", so erkennt Peter W., „den haben mir meine Eltern bereits abgekauft. Aber sie selbst waren ja auch keine Löwenherzen."
Und genauso ist es: Eltern, die selbst verunsichert sind, erziehen verunsicherte Kinder. Eltern, die selbst schlagen, geben ihren Kindern als Lehre mit auf den Lebensweg: Es gibt immer wieder Situationen, die nicht durch Gespräch und Kompromiss, sondern nur mit Gewalt zu lösen sind. „Ich habe so sehr versucht," sagt Peter in der psychologischen Beratung, „selbst niemals gewalttätig zu werden. Aber irgendwie habe ich das geradezu angezogen." Seine Schulkameraden haben ihn gehänselt, weil er „anders" war, weil er immer „gebügelt" herumlief.

Eltern geben ihr Verhalten an die Kinder weiter

Kinder übernehmen die Verhaltensmuster, die ihnen im Elternhaus vorgelebt werden. Wenn Eltern sich zum Beispiel mit Gewalt durchsetzen müssen, vermitteln sie ihren Kindern, dass es nicht möglich ist, in Gesprächen zu überzeugen oder Kompromisse zu finden. Vor allem in Stresssituationen ist es für diese Menschen dann besonders schwer, nicht auf dieses, in der Kindheit erlernte Verhaltensmuster zurückzugreifen.

„Dann kam die Zeit mit den Mädchen," so Peter. „Bei mir war das die Zeit, in der ich an Mädchen gedacht hatte, während eigentlich alle anderen in der Klasse zumindest zeitweise eine Freundin hatten. Ich habe mich nicht getraut, überhaupt ein Mädchen anzusprechen." Das ging so bis zum Abitur und der Berufsausbildung. „Damenbekanntschaften" waren nie von langer Dauer: die Frauen verließen ihm, weil er einfach nichts hermachte.
Was die Eltern noch an Selbstvertrauen hinterlassen hatten, wurde Opfer der gleichaltrigen Kinder, der Schulkameraden, der Lehrer, die dem stillen Peter gegenüber auf eigenartige Weise anmaßend und respektlos waren. Sein mangelnder Erfolg bei Frauen und ein autoritärer Chef, der Peter ständig bis in die Nachtstunden hinein zu beschäftigen pflegte, setzten die Serie im Erwachsenenalter fort. „Das zieht sich wie ein roter Faden durch mein Leben," erkannte Peter W. mit großer Trauer.

Erziehung zum Stress – typisch deutsch?

Erziehung zum Selbstvertrauen
Nur wenn Kinder eine liebevolle und von gegenseitigem Respekt getragene Erziehung erfahren, nur wenn sich Eltern ernsthaft mit ihnen auseinandersetzen, können sie sich zu selbstbewussten Erwachsenen entwickeln.

Was nimmt einem Menschen sein Selbstvertrauen, was macht ihn schüchtern, instabil, stress-anfällig? Die Psychologin Karen Horney, Verfasserin des Psychologie-Klassikers „Der neurotische Mensch in unserer Zeit“, hat bereits in der 30er Jahren beschrieben, wie es zu einer Entwicklung wie bei Peter W. kommen kann. Als Gründe nennt sie:

- ✘ Geringschätzige Behandlung
- ✘ Autoritäres Verhalten dem Kind gegenüber (nicht „Autorität haben“; Autoritäre Menschen können ihre Forderungen durchsetzen, weil sie die Macht dazu haben; Menschen mit Autorität können auf dieses Druckmittel verzichten;)
- ✘ Indifferenz gegenüber den Äußerungen und Gefühlen des Kindes: Sie werden totgeschwiegen, nirgendwo gibt es positive Resonanz oder Widerstand. „Das war, als ob ich gegen eine Gummiwand anlaufe“, erinnert sich Peter W. an seine Jugend.
- ✘ Wenig oder gar kein Respekt vor der Individualität des Kindes
- ✘ Fehlen von Wärme
- ✘ Fehlen von Bewunderung
- ✘ Isolation von anderen Kindern
- ✘ Diskriminierung. Sogar dafür gab es in Peters Leben ein Beispiel. Seine Eltern gehörten einer religiösen Sekte an. Auf dem Dorf, in dem er aufgewachsen war, wurde er deswegen von anderen Kindern gehänselt.

Achtung für uns selbst – Respekt von anderen
Achten wir uns selbst, respektieren wir unsere eigene Persönlichkeit, dann strahlen wir dieses Selbstbewusstsein auch für andere Menschen aus. Schüchterne Menschen machen es ihren Partnern oft nicht schwer, über ihre Bedürfnisse hinwegzugehen.

All dieses Leid schien vorbei zu sein, als er Angelika kennen gelernt hatte. Eine so temperamentvolle Frau, wohlhabend, begehrt – und ausgerechnet ihn hatte sie sich ausgewählt. Was er damals nicht sah und heute viel klarer erkennt: „Sie war gerade frisch geschieden worden von einem Mann, den sie bereits nach Strich und Faden betrogen hatte.

Und nun suchte sie nach einer Erholungspause, wohl auch ehrlich nach einem ordentlichen Leben. Das glaubte sie bei mir zu finden, bis sie merkte, dass man mir gegenüber keinen Respekt haben muss. Und ich habe dieses Verhalten zugelassen, bis der Stress zu groß wurde und es zur Katastrophe kam."

Der gestresste Mensch: ohne Kraft und Lebensmut

„Früher oder später passiert es den meisten Menschen.
Du wachst eines Morgens auf, und es ist November in Deiner Seele.
Du fühlst keinen großen Schmerz, nur Leere. Die Freude am Leben,
die Begeisterung, sie sind einfach weg.
Plötzlich ist Ebbe.
Am Strand zurück bleibt eine Linie mit Schmutz und Unrat.
Das sind Deine Erinnerungen.
Soweit hat die Flut Deines Lebens einmal gereicht ...“

(Sam Keen)

Menschen können viel Stress verkraften. Aber irgendwann passiert eine Veränderung. Der amerikanische Theologe Sam Keen hat sie mit den oben zitierten Worten einfühlsam beschrieben. Bei einem Leben gegen die eigenen Bedürfnisse schlägt das Pendel irgendwann in die andere Richtung aus. Und dann ist die Depression das Leit-Thema des Lebens. Wenn sie einen Menschen einmal erreicht hat, verändert sie sein Leben in umfassender Weise.

Genau das ist Depressivität: das Leiden, das unser Leben von seinen Inhalten entkleidet und uns – die wir im Stress Jahr um Jahr vor uns selbst davon gelaufen sind – mit der Frage konfrontiert, welchen Sinn unsere Existenz überhaupt hat. „Gelernte Hilflosigkeit" – dieses von Martin Seligman geprägte Wort, bürgert sich ein zur Beschreibung von jenen depressiven Reaktionen, die auf übermäßigen Stress folgen.

Depression ist nicht neu

Zeugnisse aus vergangenen Jahrhunderten belegen, dass Depressivität kein modernes Phänomen ist. Lucius Seneca (4 v. Chr. bis 65 n. Chr.) sprach von der „Versteinerung der Seele". Und Evagrius von Pontus, Kirchenführer in Konstantinopel im vierten Jahrhundert n. Chr., schrieb über sie: „Sie saugt meine Seele trocken und lässt mir keine Kraft, mich zu wehren." Und der französische Philosoph und Mathematiker Blaise Pascal (1623-1662) notiert in seinen „Gedanken", dass ein Mensch nichts so unerträglich findet als „völlig unaktiv, ohne Leidenschaften, Beschäftigungen, ohne Unterhaltung oder Amüsement zu sein."

Was ist „Depression"?

Die Vokabel „Depression" ist ein häufig gebrauchtes Wort und zugleich ein psychiatrischer Fachausdruck. In schwerer Form kann Depression zum Zyklus des „manisch-depressiven Irreseins" gehören – eine der schwersten Gemütsstörungen überhaupt. Fehlen in dieser „zweipoligen" Krankheit die „manischen" Phasen, spricht man von „unipolarer" Depression. Ein anderer Begriff für „unipolare Depression" ist „Depressivität", um Verwechslungen mit den psychiatrischen Formen der Depression zu vermeiden.

Es gibt Übergänge zwischen Depressionen und den seelischen Erscheinungen, die wir „Schwermut", „Melancholie", „innere Leere" oder „Traurigsein" nennen. Nicht jede „depressive Verstimmung" ist also die Vorstufe einer psychischen Erkrankung.

Viel weniger poetisch spricht eine desillusionierte Generation heute von „Null Bock", wenn sie ihren fehlenden Lebensmut und ihren Pessimismus meint (oder damit nur kokettiert, wie besorgte Eltern und Erzieher hoffen). „Null Bock" ist aber kein Leiden nur der jüngeren Generation. „Null Bock auf nichts" kann auch die ältere Generation erreichen oder: schon erreicht haben – und wir merken es nicht.

„Erst als die Depressivität mich eingeholt hatte," sagt der Theologe Sam Keen, auf den wir gleich zurückkommen, „erkannte ich, dass ich mein ganzes Leben vor ihr weggelaufen war". Depressivität ist ein heimtückisches Leiden. Es trifft diejenigen, die es besonders gut machen wollen und die die Lehre, die so vielen Menschen vom ersten Lebenstag mitgegeben wird, besonders gut befolgen: „Du bist nichts, Deine Pflichten sind alles. Du musst selbstlos sein. Du darfst Dich nicht um Dich selbst kümmern. Das wäre Egoismus ..."

Die Anti-Stress-Generation lebt nicht gesünder

Beginnend vor etwa 30 Jahren, trat eine neue Generation auf den Plan. Selbstlosigkeit, Pflichterfüllung – all dies hatte sie als seelisch krank machend erkannt. Diese neue Generation wollte es besonders gut machen, wollte der menschlichen Natur gerecht werden. Sie wollte leben. Ausgehend von Kalifornien, trat diese „Lebensphilosophie" ihren Siegeszug um die Welt an – und einer ihrer Vordenker war der Theologe Sam Keen, der mehrere Studien an der weltbekannten Harvard Universität abgeschlossen hatte, in Philosophie von der nicht minder berühmten Princeton Universität promoviert war und in jungen Jahren Professor für Theologie geworden war.

Aber: Anders als die „ältere Generation" wollte er die sichere akademische Karriere nicht. Er gab sie auf für das „wirkliche Leben" – in seinem Fall ein Leben als Schriftsteller an der amerikanischen Westküste, „für psychologische Gruppen und ein oder zwei Versuche mit LSD", wie er selbst sagt.

Aber: Alle psychologische Arbeit an sich selbst, alle Selbsterfahrungs-, Selbsterkenntnis- und Selbstverwirklichungs-Seminare waren für ihn kein Schutz gegen Depressivität. Keen verlor jede Art von Enthusiasmus, von „göttlicher Inspiration", was dieses von dem griechischen „entheos" abgeleitete Wort eigentlich bedeutet. Und was dann geschieht, ist ein Kampf auf Leben und Tod. Und der Tod scheint für manche Menschen, die in diesen Lebenskrisen ohne Hilfe bleiben, der einzige Ausweg, mit dem sie ihrem Leiden ein Ende machen können. Der Schweizer Psychiater Professor Raymond Battegay sagt über das Leben depressiver Menschen: „Berge stellen sich ihnen und ihrem Lebensvollzug entgegen, und sie erleben die Welt als unbegehbar, als für sie überdimensioniert, unwirtlich, grau, erdrückend, kalt, beängstigend. Das Nichtmehr-leben-Müssen bringt ihnen in ihrer Vorstellung Erleichterung."

Aber dazu muss es nicht kommen, es gibt für die Wandernden „im finsteren Tal" den modernen „Seelen-Trost": Therapie. Es gibt mittlerweile zuverlässige, wissenschaftlich fundierte Therapiemethoden, um eine weitere Ausbreitung der Depressivität zu verhindern. Man kann heute so weit gehen zu sagen, dass Depressionen einen positiven Punkt im Leben jedes Menschen markieren können. Denn dieses seelische Leiden, das epidemiehafte Züge annimmt, birgt für die Betroffenen auch Chancen.

Das Leiden der Könige

„Langeweile" wurde einmal als die Krankheit der Könige bezeichnet. Inzwischen ist daraus eine Volkskrankheit geworden. Wie dramatisch der Anstieg von depressiven Störungen ist, geht aus einer Studie von Martin Seligman an der Universität von Pennsylvania hervor: die unipolaren Depressionen haben im Laufe der letzten 30 Jahre um den Faktor 10 zugenommen. Dies lässt einige Rückschlüsse auf unsere veränderte Lebensweise zu: Depressivität ist eine Reaktion auf ein nicht menschengerechtes Leben. Und: Je länger ein Mensch lebt, desto größer ist auch die Wahrscheinlichkeit, dass in seinem Leben Umstände eintreten, die zu einer depressiven Störung führen können.

Gebetsmühlen im Kopf

Sam Keen hat die krank machenden, depressiven Gedankengänge nach seiner eigenen und zuerst leidvollen Erfahrung aufgezeigt. Sein Leben lang, so erkannte er selbst – als die Krise ihn eingeholt hatte –, war er vor dieser modernen Seelen-Pest davongelaufen. Dann erlebte er die doppelte Gefahr, die mit Depressivität verbunden ist: „Unsere Pflichten und unsere Wünsche werden blockiert. Es gibt eine Pattsituation zwischen dem 'Ich will' und dem 'Ich muss'. Beide Kräfte heben sich gegenseitig auf. Nach außen dringt dabei, trotz innerlich aktivem Seelenleben, nur zu oft Apathie und Lethargie." Aktiv können die inneren Kräfte bei einem depressiven Menschen sein. Aber: Sie sind nicht produktiv.

Ungesunde Gedankenspiele

Die Gedanken depressiver Menschen kreisen um einen einzigen negativen Gedanken, den sie sich in immer neuen Varianten ausmalen und ihn so verfestigen. Oft entbehren diese Vorstellungen jedoch jeder Grundlage in der Realität, Außenstehende können den Kummer des Betoffenen selten nachvollziehen.

Der depressive Mensch kann stundenlang von immer denselben Gedanken gepeinigt werden: „Wenn ich die jetzt anstehende Prüfung nicht schaffe, dann waren fünf Jahre Studium vergeblich. Dann ist alles aus. Ich muss also die Prüfung schaffen. Aber kann ich sie schaffen? Und wenn ich sie nicht schaffe, dann ist alles aus." Wie eine Gebetsmühle werden solche oder ähnliche Gedanken im Kopf wiederholt, Stunde um Stunde, Tag um Tag. Ein Mann zum Beispiel, macht seine Körpergröße zum Angelpunkt seines Schicksals: „Ich bin zu klein. Deshalb finde ich keine Frau. Wer so klein ist, wie ich, hat keine Chance im Leben. Er findet ja keine Frau. Und was soll dann noch das Leben? Ich bin ja zu klein." Für die Umwelt sind solche Gedankengänge schwer nachvollziehbar. Der „zu kleine" Mann zum Beispiel war 1,75 m groß – genau die Durchschnittsgröße der Bevölkerung. Der Student vor der Prüfung war nie schlechter als mit „befriedigend" zensiert worden. Aber kein Hinweis auf diese einfachen Tatsachen und den fehlenden Realitätsbezug ihrer Ansichten konnte bei diesen beiden Fällen das Leiden stoppen.

Sie waren Opfer einer übergeordneten „Logik" geworden. Bis zum Ausbruch der Krise hatten sie ein Leben der Selbstverleugnung und der hohen Anforderungen an sich selbst gelebt – und jetzt schlug das Pendel in Gegenrichtung aus: Depressivität als letzte Mahnung,

Die „Stress-Connection"

Ist Depressivität das zwingende Nebenprodukt unserer glück-besessenen, aber eben nicht glücklichen Zeit? Zwei Sätze bezeichnen den Lebensstil der westlichen Industriegesellschaft schlaglichtartig:
„Time is Money" („Zeit ist Geld") und „Don't just stand there, do something" („Steh nicht nur rum, tu was"). Stress ist das Leit-Motiv eines solchen Lebens. Und: Depressivität ist eine Reaktion auf Stress. Gerade in einer Zeit, in der sich unser westliches Gesellschaftssystem als das – materiell und politisch – erfolgreichste erweist, ist es wichtig, unseren Lebensstil einer kritischen Prüfung zu unterziehen. Wir müssen die Kraft finden, uns auch den negativen Seiten des individuellen „Strebens nach Glück" zuzuwenden, damit wir nicht innerlichmenschlich ausgehöhlt werden.

ein gesellschaftlich hoch angesehenes, aber nicht menschen-würdiges Leben aufzugeben, diese Flucht vor sich selbst, vor den eigenen natürlichen (und gottgegebenen) Bedürfnissen.

Stress und Depressivität – nicht flüchten, sondern standhalten

Weitere Formen der Flucht vor der eigenen Depressivität sind uns hinlänglich bekannt: Alkohol mit seinem Einfluss auf Gedanken, Drogen, andere Suchtmittel, Gewalttätigkeit, Sensations-Suche, Scheidung, Selbstmord, Krieg und Krankheit und auch – dies nicht selten – Flucht in eine ausschweifende Sexualität. Bei Frauen kann solch eine „Liebes-Sucht", wie es der Psychoanalytiker Otto Fenichel genannt hat, zur Nymphomanie werden. Und so mancher Mann, der sich sagt: „Endlich mal eine Frau, die weiß, was ich will," erkennt das seelische Leid und die Leere hinter dem sexuellen „Aktivismus" seiner neuen Partnerin zu spät oder überhaupt nicht.

Flucht ist keine Lösung

Die Flucht in Sensationen, die Betäubung der Sinne oder neue stressreiche Herausforderungen bringen kurzfristig Erleichterung von depressiven Verstimmungen. Diese Ablenkungen führen aber in Wahrheit tiefer in die Krise, denn sie setzten die stress- und damit krankheitsfördernden Verhaltensmuster fort.

Alles, was Sensation und „Action" bringt, kann eine Flucht vor Depressivität und deshalb der Versuch sein, „den Teufel mit dem Beelzebub auszutreiben". Immer neue Herausforderungen, immer neue Betäubungen der Sinne ... all dies macht Stress. Stress bringt kurzzeitig Befreiung von Depressivität – und führt uns in Wirklichkeit aber immer tiefer hinein. Heilung setzt erst ein, wenn unsere Vernunft uns dazu bringt, den äußeren Stress und die innere Gebetsmühle zu beenden, wenn wir „Depressivität" als Pendelbewegung in Richtung „Ruhe" akzeptieren. Einen Fünf-Stufen-Plan hat Sam Keen für den „Weg aus der Depressivität" aufgestellt. Er soll hier kurz wiedergegeben werden:

<u>Lösungs-Stufe 1:</u> Depressivität und den voraus gegangenen Stress akzeptieren.

Der Psychotherapeut Fritz Perls, Begründer der Gestalt-Therapie, hat über Depressivität gesagt, sie bedeute die willentliche Konzentration der Aufmerksamkeit auf langweilige und uninteressante Dinge und den resoluten Abzug der

Aufmerksamkeit von allem, was interessant sein könnte. Wenn unsere Vernunft uns dazu nicht im Vorfeld verhilft, wird es unser Körper durch Krankheit tun. Auf welche Weise auch immer ein Mensch lernt, dass er vom sich zu schnell drehenden Karussell herunter muss – wenn er es schafft, hat er die Chance zu erkennen, dass Depressivität heilsam ist. Sie kann einen neuen Schritt in seiner Persönlichkeitsentwicklung bedeuten. Nicht ohne Grund treten depressive Störungen bei vielen Menschen in der Lebensmitte auf. In einer Lebensphase des Übergangs kann man versuchen, vor den Lebenstatsachen (zum Beispiel dem Älterwerden) davonzulaufen oder sie als Chance sehen, sein Leben kreativ nach den eigenen Bedürfnissen zu gestalten.

<u>Lösungs-Stufe 2:</u> Klärung der Ursachen.

Warum ist die Depression aufgetreten? Ist sie

- ✘ Ermüdung durch zu viel Arbeit oder Genuss
- ✘ Fehlen von Anregungen
- ✘ Zeichen für „eingefrorene“ Gefühle (Menschen, denen Gefühle in früher Kindheit verboten worden ist, sind langfristig in besonderer Gefahr, dass „innere Leere“ auftritt, dass sie „nichts mehr fühlen“).
- ✘ Trauer (zum Beispiel über das Älterwerden.
- ✘ Furcht
- ✘ Flucht (zum Beispiel vor der Erkenntnis, dass man selbst älter wird)
- ✘ Konflikt (der erwähnte zwischen „Ich muss“ und „Ich will“)
- ✘ Unklarheit (zum Beispiel: nicht wissen, was man im Leben will)
- ✘ Verlust des Lebens-Sinnes.

Je weiter unten auf dieser Liste eine Depressivität „angesiedelt“ ist, desto größer wird die Umstellung im Leben sein, die sie einleitet.

Der Weg aus der Depression: ein 5-Stufen-Plan

1. Depressivität und den voraus gegangenen Stress akzeptieren
2. Klärung der Ursachen
3. Das Allerschwerste ist nichts tun
4. Auf die inneren Botschaften achten
5. „Aktivismus“ durch sinnvolles Handeln ersetzen

<u>Lösungs-Stufe 3:</u> Das Allerschwerste ist nichts tun.

Jetzt heißt es: „Erst einmal akzeptieren, was mit meinem Leben los ist“. Das bedeutet, eine meditative, klösterliche Haltung anzunehmen, das eigene Wissen nicht mehr direkt in aktives Verhalten umzusetzen, sondern sich selbst „von oben und außen“ zu betrachten. Es heißt jetzt auch: Keine Angst mehr haben vor der Leere, vor dem Nichts. Auch die Welt wurde aus dem Nichts geschaffen – und so wird es mit dem neuen Leben sein, dass sich in einem Menschen entwickelt. Das ist die Lehre der christlich-jüdischen Religion ebenso wie der buddhistischen mit ihrem Leitbild des „Nirwana".

Lösungs-Stufe 4: Auf die inneren Botschaften achten.

Viel ist im eigenen Inneren über das neuen Leben, das sich in der Durchgangsphase einer Depressivität bildet, bereits angelegt. Es zeigt sich aber nicht in der lärmenden Hektik des Alltagslebens. Um die feinen Signale zu erkennen, brauchen wir Ruhe. Zuerst müssen wir auf unsere Wünsche achten. Sie machen uns Angst, denn sie sind oft kindlich, nicht selten unmoralisch (wenn nicht Schlimmeres). Dennoch: Wir tun gut daran, diese Seite in uns zu kennen. Auf Träume, auf Tagträume und Phantasien lohnt es sich ebenso zu achten, denn sie können zeigen, wie weit unser tatsächliches Leben von unseren eigentlichen Bedürfnissen entfernt ist. Will ich auf einen Berg steigen – oder auf die Karriereleiter? Solche Fragen kommen einem nicht in den Sinn, wenn man seiner Phantasie nicht freien Lauf lässt.

Danach ist ein Wille zu formulieren. Wünsche sind ständig zur Disposition, der Wille bedeutet: wichtige Wünsche an der Realität testen. Danach erst lassen sich Entscheidungen treffen – und sie sollen bewusst getroffen werden.

Lösungs-Stufe 5: „Aktivismus" durch sinnvolles Handeln ersetzen.

Hier geht es – um ein Wort des Theologen Paul Tillich zu gebrauchen – um Heilung, die sich eben nur dann einstellt, wenn wir die „letzten Dinge" mit in Betracht ziehen. Es geht um die Entscheidung für persönliche Werte. Nur sie – und nicht die oberflächlichen Angebote konventioneller Lebensentwürfe – können das Leben für uns sinnvoll machen.

Unserem Leben Sinn geben

Wenn wir es nicht schaffen, unserem Leben einen Sinn zu geben, fühlen wir uns dem Leben so ausgeliefert, wie der Melancholiker unter den Humoristen, Charlie Chaplin, seine Helden in Filmen wie „Rampenlicht" oder „Moderne Zeiten" porträtiert hat: Depressive Menschen, die sich in einem Kampf gegen eine Welt, die sie nicht zur Entfaltung ihrer Lebenskräfte kommen lassen wollte, verzehrt haben.

Optimismus: die realistische Antwort auf Stress

„Der Lohn der Furchtsamen: Weder Gewinn noch Verlust."

(Sufi-Weisheit)

Es gibt eine Lebenshaltung, die die richtige Antwort auf Stress und die wichtige Vorbeugung gegen die Stress-Folgen ist: Optimismus. Können Sie Optimismus definieren? Das ist gar nicht so einfach. Besser erklärt es uns der in Kapitel 17 bereits kurz erwähnte Psychologe Martin Seligman, der von manchen Fachkollegen als der „Sigmund Freud des 21. Jahrhunderts" bezeichnet wird, so zu lesen in der Zeitschrift des Amerikanischen Psychologen-Verbandes, Ausgabe 1/2000.

Die psychische Struktur des Optimismus

Der Unterschied zwischen einer positiven und einer negativen Lebensauffassung zeigt sich nicht vordergründig, sondern in der Art und Weise, wie Menschen Probleme verarbeiten, also in einer hinter den Worten liegenden psychischen Struktur. Natürlich spielt die Wortwahl dabei eine Rolle. Sie bezieht sich aber nicht nur auf die Interpretation von etwas Negativem in etwas Positives. Ob man zum Beispiel eine Flasche nun als halb voll oder halb leer bezeichnet, um einen gängigen Witz über den Unterschied zwischen Optimismus und Pessimismus aufzugreifen, dies kann auch der naivste Mensch als Wortspiel entlarven, das an der Realität nichts ändert.

Was ist Optimismus?

Eine optimistische oder pessimistische Lebenseinstellung wird nur vordergründig durch die Wortwahl erkennbar, mit der Ereignisse beschrieben werden. Entscheidend ist die hinter den Worten liegende psychische Struktur.

Professor Seligman kann mit einem von ihm entwickelten Testverfahren voraussagen, welche Menschen – entweder in bestimmten Situationen oder auf Dauer – mit großer Wahrscheinlichkeit optimistisch reagieren. Seligman lässt Menschen Lebenssituationen beschreiben und achtet dabei auf den „Stil" der Erklärungen. Zwei Beispiele aus Briefen amerikanischer Soldaten zeigen, was gemeint ist:

1. Der Brief von „Frank": „Befehle zu geben, war manchmal sehr schwer, wenn nicht gar unmöglich, weil ich immer Probleme hatte, mit den rangniederen Soldaten umzugehen, sogar später im Krieg, als ich ein höherer Offizier war."
2. Der Brief von „Joe": „Während des Krieges war ich zu bestimmten Zeiten

stark gelangweilt, denn jeder Mensch, der je an Bord eines Schiffes war, langweilt sich manchmal zu Tode".

Beide Briefe berichten über unangenehme Erlebnisse. Negative Erfahrungen treten im Leben jedes Menschen auf, sie müssen aber nicht zwingend zu einer negativen Lebensauffassung führen. Vergleichen wir die beiden Briefe:

Frust gehört zum Leben
Frustrierende Erlebnisse gehören ebenso zum Leben wie glückliche Phasen. Sie müssen aber nicht zwingend zu einer pessimistischen, d. h. von negativen Erwartungen geprägten Lebenseinstellung führen.

Pessimismus

„Frank" ist ein Pessimist. Dies zeigt sich bei genauerer Analyse seines kurzen Textes an drei sehr wichtigen Kriterien:

1. Er sieht seine Schwierigkeiten als stabil an („ich hatte immer das Problem ..").
2. „Frank" sieht seine Probleme als umfassend an. Selbst als er durch Beförderung deutlichere und überzeugendere Befehlsgewalt bekommen hatte, hatte er das Problem mit den Untergebenen. Ein noch perfekterer Pessimist wäre er gewesen, wenn er das geschilderte Problem nicht auf den Krieg beschränkt hätte, sondern zum Beispiel einen Satz eingefügt hätte: „Als Abteilungsleiter in der Wirtschaft hatte ich dieselben Probleme wie mit den einfachen Soldaten."
3. „Frank" gibt sich selbst die Schuld an den Problemen. Er sagt: „immer hatte ICH Probleme ...". Er sagt nicht: „Es ist unendlich schwer, sich bei Wehrpflichtigen, die das Militär nicht kennen, als junger Offizier durchzusetzen ...". Er sagt auch nicht: „Es ist eine unlösbare Aufgabe, mit voller Überzeugung junge Menschen in den Krieg und womöglich in den Tod zu führen ..."

Pessimistische Grundhaltung
Eine negative Lebenseinstellung verrät sich, wenn Probleme nicht als vorübergehend, sondern als stabil angesehen werden. Pessimisten haben das Gefühl, das ihre Schwierigkeiten sie in jeder Lebenssituation begleiten und dass sie allein die Verantwortung dafür tragen.

Optimismus

Ganz anders „Joe". Die Probleme, die er schildert sind

1. nicht stabil, sondern sie treten nur zeitweilig auf. Sie sind
2. nicht allumfassend, sondern beschränken sich auf die konkrete Situa-

tion auf einem konkreten Schiff. Und er macht

3. sich nicht selbst für die Probleme verantwortlich. Er sagt also nicht: „Wie in allen Situationen meines Lebens ist es mir auch hier auf diesem Schiff nicht gelungen, das beste aus meiner Zeit zu machen." Das wäre die Aussage eines perfekten Pessimisten.

Optimistische Lebenseinstellung

Für einen optimistischen Menschen sind Probleme vorübergehender Natur, und sie sind zudem auf das konkrete Ereignis beschränkt, bei dem sie aufgetreten sind. Menschen mit einer positiven Grundstimmung bürden sich auch nicht die alleinige Schuld für ihre Lebenssituation auf.

Der Unterschied zwischen einem Optimisten und einem Pessimisten liegt also nicht etwa darin, ob ein halb gefülltes Glas als halbleer oder halbvoll bezeichnet wird. Auch wer sein Glas als halbvoll ansieht, kann ein Pessimist sein, wenn er sagt: „Wie immer in meinem Leben (das Problem wird als stabil angesehen) habe ich zu schnell getrunken (er gibt sich selbst die Schuld an dem Problem); zwar war mein Glas noch halb voll, aber ich hatte überhaupt keine Freude mehr (das Problem wird als all-umfassend angesehen)." Eine solche Aussage ist pessimistisch, denn sie bezeichnet ein Problem als stabil und umfassend, und der Betreffende gibt sich selbst die Schuld an diesem Zustand.

Der Unterschied zwischen einer positiven und einer negativen Lebensauffassung zeigt sich also in der Art und Weise, wie Menschen Probleme verarbeiten, in einer hinter den Worten liegenden psychischen Struktur. Entscheidend sind die Komponenten, die Seligman genannt hat. Anders ausgedrückt lauten sie: Es sind nicht die objektiven Gegebenheiten, die uns das Leben schwer machen, sondern entscheidend ist unsere individuelle Art und Weise, wie wir auf sie reagieren. Je stärker unsere Reaktion auf

Entscheidend ist, was man daraus macht

Nicht die Probleme oder Schwierigkeiten sind es, die das ganze Leben für einige Menschen zur Qual machen. Es ist die Einstellung, mit der sie konkrete Lebenssituationen bewerten: Je stärker wir einen Vorfall als Bestätigung für unser allgemein negatives Leben interpretieren, desto tiefer sind wir in einer pessimistischen Grundhaltung verhaftet. Ein positiv denkender Mensch wird versuchen, seine Reaktion auf das eine negative Erlebnis zu beschränken.

die Situation beschränkt bleibt, desto besser, desto optimistischer, desto positiver. Je stärker wir durch eine konkrete Situation unsere negative Meinung über unser gesamten Leben bestätigt sehen, desto schlechter, pessimistischer.

Körperliche Folgen des Optimismus

Seligman sammelt mit Hilfe von Studenten seit Jahren Aussagen berühmter Sportler über ihre eigenen Leistungen. Und er hat aufschlußreiche Beziehungen festgestellt – z.B. zwischen einer optimistischen Sicht des eigenen Lebens und den Jahren, die ein Mensch gelebt hat. Im amerikanischen Baseball-Sport gibt es zum Beispiel eine „Ruhmeshalle" („Hall of Fame"), in die die Besten dieses Sports aufgenommen werden. Spitzenspieler mit einer pessimistischen Grundhaltung im Leben, das konnte Seligman nachweisen, lebten nicht so lange wie ihre optimistischen Kollegen. Mehr noch: Ein negativer Interpretationsstil bei Problemen ist ein Zeichen für „gelernte und gelebte Hilflosigkeit". „Meine Probleme sind umfassend und stabil. Ich bin zwar dafür verantwortlich, aber ich kann daran nichts ändern." Menschen mit dieser Lebenseinstellung kapitulieren vor den Ereignissen und machen sich selbst das Leben schwer. Beobachtungen haben gezeigt:

- ✘ Sie kümmern sich nicht gut um sich selbst,
- ✘ sie essen nicht vernünftig,
- ✘ sie gehen bei Schmerzen nicht zum Arzt, und
- ✘ sie suchen keine Unterstützung bei Freunden und bei der Familie.

Forschungen haben Belege dafür erbracht, dass eine solche negative Lebensauffassung direkte Auswirkungen auf das Immunsystem hat. Das ist nicht überraschend. Schon die allgemeine Erfahrung zeigt, das zwei junge kräftige Menschen, die an einem kalten Novembertag einen Menschen zu Grabe tragen müssen, sich nach wenigen Minuten auf dem verregneten und windigen Friedhof eine Erkältung zuziehen können. Dieselben jungen Menschen können hingegen in liebevoller Umarmung unter gleichen Witterungsbedingungen Stunden in einem Park stehen, ohne zu erkranken.

Optimisten leben länger

Menschen mit einer optimistischen Grundeinstellung leben länger, sie betreiben eine aktivere Gesundheitsvorsorge und ihr Immunsystem ist weitaus stabiler als das ihrer pessimistischen Zeitgenossen. Sogar bei Krebspatienten lässt sich dieser Zusammenhang wissenschaftlich nachweisen.

Überzeugender ist ein Forschungsbeleg aus einem Tierexperiment. Man kann Labor-Ratten Tumoren einsetzen und erforschen, in welcher Weise sie diese künstliche hochnegative Beeinträchtigung ihres Lebens verarbeiten. Bringt man Ratten zuvor mit Hilfe von Elektroschocks in die Situation der „gelernten Hilflosigkeit", bringt man ihnen für das Leben bei, dass sie sich selbst nicht helfen können, zeigen sie weniger Abwehrkräfte. Hier wirkt „das Prinzip Hoffnungslosigkeit" – selbst auf dem „niederen" Niveau von Nagetieren. Im Gruppenvergleich sterben von den „hoffnungslosen" Ratten sehr viel mehr als in der anderen Gruppe.

Erste Erfahrungen mit Krebspatienten und der Art und Weise, wie sie ihre Krankheit seelisch verarbeiten, deuten in dieselbe Richtung. Optimistische Frauen bleiben nach einer erfolgreichen Operation gegen Brustkrebs länger symptomfrei als pessimistische. Noch einmal betont: Bei der Verarbeitung negativer Information geht es nicht um eine nur vordergründige Uminterpretation der Wahrheit. Wer Krebs hat, dem kann es zwar ein Trost sein, daran zu denken, dass viele Körperzellen noch intakt sind. Wichtiger aber ist es, die Interpretationen von allgemeinen umfassenden Lebenseinstellungen zu trennen, und sich ganz auf das konkrete Problem, auf die Realität zu konzentrieren.

Optimismus ist angeboren

In die menschliche Persönlichkeit eingebaut ist ein doppelter Trend zum Optimismus. Zum einen liegt die Basis in den körperlichen Gegebenheiten: Es gibt für Situationen eines physischen Überlebenskampfes körpereigene Stoffe, Endorphine, die ausgeschüttet werden und uns selbst schwere Verletzungen nicht als Schmerz empfinden lassen. Zum anderen ist unser Gedächtnis insofern ein „Optimist", als uns die Vergangenheit – gleich wie schwer sie in der konkreten Situation erschienen ist – immer positiv getönt scheint. Es erfordert eine hartnäckige Arbeit von einem pessimistisch gepolten Menschen, sich eine negative Lebensgeschichte zu schaffen.

Diesen Einsatz können wir uns ebenso sparen, wie die negativen Konsequenzen für seelische und körperliche Gesundheit, die sicher daraus resultieren. Dieselbe Energie aufgewendet, einen positiven Umgang mit uns selbst zu pflegen, ist sinnvoller. Man muss allerdings einräumen, dass solch rationale Argumente von pessimistischen Menschen nur schwer angenommen werden. Wenn man sie dennoch unterstützen will, funktioniert das ganz gut nach der Methode: ein Auto kann man auch anschieben. Für mehr Lebensqualität zu sorgen, kann bereits „die halbe Miete" sein und hilft mehr, als das „positive Denken" zu predigen oder gar abzuverlangen.

Optimismus muss verlernt werden

Unser Körper sorgt dafür, dass wir uns in bedrohenden Lebenssituationen nicht so schnell aufgeben: er schüttet das Hormon Endorphin aus, das uns Schmerz nicht empfinden lässt. Auch unser Gedächtnis lässt uns vergangene Ereignisse milder beurteilen. Diese zwei Faktoren sind uns angeboren, so dass es viel Mühe kostet, sich zu einem wirkliche Pessimisten zu entwickeln ...

Positiv Denken – aber nicht mit Norman Vincent Peale

Der Wert einer positiven Lebensauffassung für körperliche und seelische Gesundheit kann nicht überbetont werden. Wie aber ist es mit dem „positiven Denken", das zuerst der amerikanische Pop-Psycho Evangelist Norman Vincent Peale propagiert hat? Seine Bücher haben Millionenauflagen erreicht, werden seit Jahrzehnten verkauft, und noch höher sind die Auflagen all der Epigonen. Diese Autoren müssen ein reales Bedürfnis bei Millionen Menschen angesprochen haben, denn es steht zu befürchten, dass diese Bücher auch gelesen worden sind. Warum befürchten?

Lebenshilfe nach Patentrezept – ein Etikettenschwindel

Die Ratschläge selbst ernannter Lebenshilfe-Gurus sind mit Vorsicht zu genießen. Eine oft in mehreren Lebensjahrzehnten erworbene seelische Grundhaltung kann nicht allein durch den bloßen Willen verändert werden. Soll der Wandel gelingen, ist eine rationale Erkenntnis der eigenen Lebenssituation und der individuellen Denkmechanismen unerlässlich. Und vor allem: Hier helfen die Patentrezepte dann nicht mehr weiter.

Diese Art Lebenshilfe betreibt Etikettenschwindel insofern, als sie suggeriert, sie könnte Menschen durch ihr System „der Erlösung durch Willenskraft" von einer negativen zu einer positiven Lebensauffassung bringen. In Einzelfällen ist das sicher nicht auszuschließen, allgemein ist aber gründliche Skepsis angebracht. Denn positives Denken muss – um zu funktionieren – mehr sein als das Auswechseln von Worten („halbvoll" statt „halbleer"). Es geht dabei um eine grundlegende Änderung lange verankerter seelischer Strukturen. Nur durch „will power“ ist so etwas kaum zu erreichen. Selbst-Liebe, Selbst-Bejahung, ein motivierendes und stabilisierendes Umfeld, ein Erkennen eigener Abwehrmechanismen und vieles mehr müssen dazu kommen.

Wie schwer es ist, seine Lebenseinstellung zu ändern, zeigt u.a. auch eine Reihe von Tagebüchern, die eine amerikanische Psychologin untersucht hat, und die Menschen im Laufe von sieben und mehr Lebensjahrzehnten geschrieben haben. Die grundlegenden Denkstrukturen auf der Dimension „Optimismus/Pessimismus“ waren dabei durchgehend gleich geblieben. Und zu suggerieren, dass eine grundlegende Persönlichkeitsänderung allein durch einen Akt des Wollens erreichbar sei, zeigt nicht nur einen falschen Weg, sondern kann Menschen, die sich hoffnungsfroh an die „Think positive“-Literatur gewandt haben, in noch tiefere Verzweiflung stürzen. Sicher ist, dass Peale und Co. unter ihren Lesern sehr viele Mini-Prediger erzeugt haben, nach der Formel: „If you don’t know, teach“.

Rezepte gegen Stress: Atmen, Schweigen, Essen, Trinken, Ausruhen

Krankheit ist der Anruf der Wahrheit an uns.

(Reinhold Schneider)

Wenn man gegen eine Krankheit sehr viele Mittel empfiehlt, bedeutet das nur, dass sie unheilbar ist.

(Leo Tolstoi)

Menschen, die ein ernstes Problem bei sich erkannt haben, werden oft von Panik befallen, wenn sie nach einer Lösung suchen. Die weit verbreitete Meinung ist oft, dass einfache Tipps angesichts der schwierigen Lage sicher nicht helfen werden.

Der amerikanische Krebsarzt O. Carl Simonton, der eine neue Behandlungsmethode gegen Krebs entwickelt hat, bei der er unter anderem erwartet, dass Patienten bereit sind, eine Woche lang mit einer Meditations-Tonbandkassette arbeiten, berichtet, dass Menschen ihm sagen: „Hier, nehmen Sie mein ganzes Geld und machen Sie mich gesund." Die selben Menschen sind aber oft nicht dazu bereit, mit dem Tonband zu arbeiten. Darin spiegelt sich eine beschämende Verleugnung der Heilkräfte, die wir alle in uns haben.

Selbstheilungskräfte gegen Stress

Sie können getrost auf Ihre Selbstheilungskräfte vertrauen, wenn Sie gegen Stress etwas unternehmen wollen. Die einfachsten Mittel helfen, und sie sind zudem leicht und überall anzuwenden.

Selbstheilungskräfte gegen Stress

Auch gegen Stress besitzen wir Selbstheilungs-Kräfte. Die einfachsten Dinge helfen, um ihn abzubauen, und sie haben zudem einige unschätzbare Vorteile: Man kann sie ohne vorherige Übung direkt und jederzeit einsetzen. Und man muss sie nicht auswendig lernen („Wie ging die Yoga-Übung? Das linke Bein über die rechte Schulter? Oder umgekehrt?"). Sehr wohl aber kann es sein, dass Sie sich aufgrund der einfachen Dinge, die Sie gegen Stress einsetzen können, anfangen, für Yoga zu interessieren.

1. Atmen gegen Stress

Yoga ist eine Form, Körperenergien in neue Harmonie zu bringen. (Yoga ist also nicht etwa eine besonders elaborierte Form der Gymnastik.) Energiespender und zugleich Schrittmacher ist dabei unser Atem.

Atemübungen sind auch ein guter Stresstest. Menschen in Ruhe haben keine Probleme damit, sich einmal ein paar Minuten lang nur auf ihre Atmung zu konzentrieren. Menschen unter Stress schaffen dies kaum ein paar Sekunden.

Atemübungen: Spüren Sie sich selbst

Atmen ist die einfachste und beste Form, mit uns selbst in Kontakt zu treten. Alles, was wir dazu tun müssen ist, auf diesen zumeist unbewusst ablaufenden und unbeachteten Körpervorgang zu hören.

Dann tritt ein inneres Unwohlsein bei ihnen auf oder sie hören einen Moment auf zu atmen, weil sie völlig aus dem Rhythmus kommen. Auch unter akutem Stress setzt der Atem übrigens aus. Das ist die berühmte Schrecksekunde, in der wir einen tiefen Atemzug machen und dann die Luft anhalten.

Bewusstes Atmen als Stresstest

Entspannte Menschen können sich einige Minuten auf ihre Atmung konzentrieren. Menschen unter Stress schaffen das nur kurz und geraten aus dem Takt.

Wie stark dabei der Körper in Aktionsbereitschaft gesetzt wird, können wir daran sehen, dass geübte Hundert-Meter-Läufer bei einem Rennen nur ein- oder zweimal atmen. Boxer atmen beim Schlag ebenfalls nicht ein. Wenn wir körperliche Energie in geballter Form abgeben, stört das Einatmen. Hat die körperliche Aktivierung, der Anfang einer Stress-Sequenz also, ihren entsprechenden Ausdruck gefunden, dann setzt eine rhythmische Atmung ein: ein – aus – ein – aus, und immer schneller, je mehr sich der Körper angestrengt hat. Danach verdrängen wir das Atmen wieder aus dem Bewusstsein.

Wenn wir die Atmung einsetzen wollen, um zu noch größerer Ruhe zu kommen, gibt es zwei Wege. Der erste: Wir machen zwischen dem Ein- und dem Ausatmen fast immer eine Pause: ein – Pause – aus. Versuchen Sie, diese Pause zu vermeiden. Das klingt einfach, ist es aber nicht. Probieren Sie es aus. Dies ist eine gute Möglichkeit zur Gedankenkontrolle. Wenn Gedanken kommen, zählen Sie Ihre Atemzüge: von 1 bis 10 und dann wieder (bzw. jedes Mal, wenn Sie sich bei einem „Gedanken" ertappt haben) bei 1 anfangen. Und das, wann immer es Ihnen am Tag einfällt und Sie es, ohne nervös zu werden, schaffen.

Pfeifen im Wald

Wir können uns beruhigen, indem wir schnell einatmen und langsamen und ruhig wieder ausatmen. Das genau passiert, wenn wir im Wald pfeifen, damit wir ein vertrautes Geräusch wahrnehmen.

Die zweite Atemmethode, um ruhig zu werden, kennen Sie unter dem Stichwort „Pfeifen im Wald". Es beruhigt uns, an einem Ort mit „eigenartigen“ Geräuschen einen vertrauten Laut wahrzunehmen: unser Pfeifen. Die eigentliche Beruhigung kommt aber durch den dem Pfeifen zugrundeliegenden Atemmechanismus: schnelles Einatmen und langsames, ruhiges Ausatmen. Dass dies so ist, können Sie sich auf einfache Art beweisen. Atmen Sie im gegenteiligen Rhythmus, also langsam und tief ein und explosiv aus. Sie werden dann spüren, wie sich in Ihrem Körper „Energie“ auflädt (wenn Sie dies zu lange machen, bekommen Sie eine Überdosis Sauerstoff, und Ihnen wird schwindlig werden).

Sanfte Wirkung einer ruhigen Unterhaltung

Beim Sprechen wie auch beim Gebet nutzen wir denselben physiologischen Mechanismus: schnell einatmen und – wenn wir uns ruhig unterhalten – langsames, gleichmäßiges Ausatmen. Liegt die beruhigende Wirkung eines sachlichen Gesprächs (mit einem Menschen oder mit Gott) also auch in der dadurch veränderten Sauerstoffbilanz in unserem Körper?

2. Reden ist Silber, Schweigen ist ... eine hervorragende Anti-Stress-Übung

Dies ist die allereinfachste Methode gegen Stress. Jeder beherrscht sie: zuhören anstatt selbst zu reden – oder fast jeder, doch darauf kommen wir gleich.

Der Psychologe James D. Lynch vom Center for the Study of Human Psychophysiology der University of Maryland berichtet, wie Sprechen unseren gesamten Organismus verändert. Nicht nur die Zunge redet, sondern unser gesamter Körper, auch unser Herz-/Kreislauf-System, ist bei diesem Vorgang beteiligt: Reden steigert den Blutdruck; Zuhören verringert ihn und schafft so den nötigen Ausgleich.

Lynch hat zudem festgestellt, dass gestresste Menschen mit hohem Blutdruck nicht mehr richtig zuhören können. Auch bei ihnen steigert Reden den (sowieso bereits überhöhten) Blutdruck, aber er senkt sich nicht, wenn sie eine Gesprächspause haben. Außerdem ließ sich bei gestressten Menschen mit hohem Blutdruck ein bestimmter Redestil feststellen, auch wenn sie äußerlich ruhig erschienen und lächelten: Sie sprachen schnell und laut, unterbrachen andere Menschen und unterstrichen ihre

Worte mit deutlichen Gesten. Dies entspricht exakt jenem Sprachstil eines Typ-A-Menschen, den wir auf Seite 58 beschrieben haben.

Sprechen erhöht den Blutdruck

Reden erhöht den Blutdruck und Schweigen senkt ihn wieder. Bei gestressten Menschen senkt sich der erhöhte Blutdruck bei einer Gesprächspause nicht mehr. Zudem lässt sich bei ihnen ein schneller, lauter Redestil feststellen, bei dem sie ihre Partner oft unterbrechen und ihre Worte mit Gesten unterstreichen, auch wenn sie äußerlich zunächst ruhig erscheinen.

Schweigen allein verschafft dem Körpers jedoch noch nicht Beruhigung in ausreichendem Maß. Vielmehr geht es auch darum, in friedvoller Weise seine Aufmerksamkeit auf irgend etwas zu konzentrieren. Weitere Experimente haben gezeigt, dass zum Beispiel das Streicheln eines Tieres oder das Beobachten von Fischen im Aquarium den Körper ruhiger stellt als reines Nichtstun.

Zuhören lernen

Wenn Bluthochdruck-Patienten lernen, wieder richtig zuzuhören, zeigt sich ein beruhigender Effekt. Bei Versuchspersonen fiel der Blutdruck auf ein Niveau, das sie in den Jahren zuvor nicht mehr erreicht hatten.

Lynch erinnert daran, dass es eine einfache Art gibt, ein schreiendes Baby zu beruhigen: Oft muss es nur ein paar beruhigende Wort hören. Was aber geschieht, wenn Eltern nach jener unseligen Methode erziehen, die Kinder „durchschreien" zu lassen, bis sie sich erschöpft von selbst beruhigen? Lynch glaubt, dass diese Kinder seelisch ein grundsätzliches Ur-Misstrauen entwickeln („Ich schreie, und keiner hört mich") und darüber hinaus unter Bluthochdruck leiden. Der Redestil von Hochdruckpatienten ist durch Angriff (wie eben beschrieben) und Abwehr gekennzeichnet (sie hören gar nicht erst zu). Hier sieht Lynch Parallelen zu der Situation eines alleingelassenen Babys. Er sagt: „In ihrem ruhigen lächelnden Erwachsenenkörper schreit immer noch ein kleines Kind." Und niemand hört zu!

3. Essen für und gegen Stress

Stress hat viel mit körperlichen und seelischen Vorgängen zu tun. Was genau im Körper passiert, haben wir bereits kurz beschrieben. Unter anderem werden in der Nebennierenrinde Stresshormone freigesetzt. Sie wirken direkt auf unseren

Stoffwechsel ein und fördern die Umsetzung von Fett, Eiweiß und Kohlenhydraten, um dem aktivitätsbereiten Körper schnell Energie zuzuführen. Zugleich werden Eiweiß, Phosphor und Kalium ausgeschieden, und die Speicherung von Kalzium im Körper wird schwieriger. Kalzium aber brauchen wir, um das für die Nerven wichtige Vitamin B in unserem Körper zu absorbieren. Kalium dient ebenfalls dem Nervensystem (genauer: der Nervenleitung). Phosphor wiederum hilft, Energie aus den Grundbestandteilen unserer Nahrung freizusetzen. Phosphormangel schwächt daher den Körper. (Natürlich haben diese drei Mineralstoffe noch viele andere Funktionen, die hier aber nicht erwähnt zu werden brauchen).

Für ihre eigene Aktivität braucht die Nebennierenrinde Vitamin C. Dauert eine stressreiche Situation lang an, kann der gesamte Vitamin C-Vorrat im Körper aufgebraucht werden. Eine umfassende Ernährungsstudie der amerikanischen Nutrition Search Inc. kommt zu dem Schluss, dass Menschen unter Stress eine besonders ausgeglichene Ernährung benötigen. Sie brauchen (die erwähnten noch einmal mitgezählt) besonders die folgenden Vitamine und Mineralstoffe: Vitamine A, B_1, B_2, B_6, B_{12}, Folsäure, Niazin, Pantothensäure, C, D und E. Mineralstoffe: Kalzium, Phosphor, Kalium. Anzugeben, in welchen Nahrungsmitteln diese Stoffe im einzelnen enthalten sind, würde hier zu weit führen. Jedes vernünftige Ernährungsbuch gibt darüber Auskunft. Natürliche Ernährung und Vollkornprodukte sind hier die wirklich wichtigen Stichworte.

Besonders wichtig bei Stress: ausgewogene Ernährung

Bei Stress arbeitet unsere Nebennierenrinde besonders, da in ihr die entsprechenden Hormone produziert und freigesetzt werden. Zugleich werden wichtige Vitamine und Mineralstoffe ausgeschieden. So sollte man besonders in Zeiten großer Anspannung auf eine ausgewogene, vitaminreiche Ernährung achten.

4. Trinken gegen Stress

Alkohol ist das vermeintliche Anti-Stress-Mittel Nr. 1. Alkoholwerbung (bei Zigaretten ist es nicht viel anders) betont den geselligen, entspannenden Aspekt dieses Rauschmittel-Genusses. Daran ist etwas Wahres. Nur selten greift jemand zu Glas oder Flasche mit dem Vorsatz, sich „volllaufen“ zu lassen. Dass es dennoch oft geschieht, liegt an einer tückischen Wirkung des Alkohols: „Er anästhesiert das Frühwarnsystem des Gehirns, das uns sagt, wann wir müde sind und ins Bett gehen sollten", wie die amerikanische Ernährungsexpertin Jane Brody erklärt. Trinkt also jemand, weil er sowieso schon gestresst ist, wird er sich durch Alkohol in aller Regel zusätzlich noch Schlafmangel „einfangen" und dadurch seinen Stress verstärken.

Droge Alkohol

Alkohol hat eine tückische Wirkung: er lässt uns die eigene Müdigkeit nicht mehr spüren. Gerade bei Stress ist ausreichender Schlaf besonders wichtig. Zudem fällt der Kater bei gestressten Trinkern weit schlimmer aus, als bei entspannten Menschen.

Zudem ist medizinisch erwiesen, dass gestresste Trinker, bei gleicher Alkoholmenge wie ungestresste, am Morgen danach einen weitaus schlimmeren Kater haben. Ähnlich schlecht sind nur noch Menschen dran, die mit einem schlechten Gewissen trinken. Um den Kater, der die Belastung unseres Körpers durch den Alkohol deutlich signalisiert, wirksam zu bekämpfen, helfen übrigens allein drei Naturheilmittel: Zeit, Ruhe und Schlaf. Kaffeetrinken ist ein ebenso schlechtes Gegenmittel wie Alkohol. Beide schieben die Katerwirkung nur weiter hinaus.

Alkohol ist, wie nicht oft genug gesagt werden kann, nur nach den ersten Schlucken ein Stimulans, und diese Wirkung tritt nur deshalb ein, weil Hemmungen ausgeschaltet werden. In Wirklichkeit ist er ein Depressivum, was man leicht daran sieht, dass Trinken zuerst die geistigen, dann die körperlichen Funktionen abbaut. Die Endstation jedes Alkoholikers ist das Koma.

Entspannung durch Alkohol?

Ob Alkohol entspannend wirkt, hängt – wie bei allen Drogen – sehr stark vom Ambiente ab, in dem man sich „high" macht. Je förmlicher die Gesellschaft, je ungemütlicher die Menschen, je größer der Leistungsdruck, desto sicherer verfehlt Alkohol seine kleine mögliche Anti-Stress-Wirkung.

Was also trinken, wenn man unter Druck steht und nachts dennoch schlafen möchte und deshalb auf Kaffee und Tee verzichtet? Hier ein Rezept:
Mischen Sie
fünf Teile Melissenblätter,
zwei Teile Orangenblüten,
zwei Teile Hagebuttenfrüchte mit Samen und
einen Teil Hibiskusblüten (rote Malve).

Nehmen Sie dann einen Esslöffel der Mischung (der Rest ist Vorrat) und übergießen ihn mit einem Viertelliter siedendem Wasser. Lassen Sie das Ganze zehn Minuten lang ziehen, gießen Sie die Flüssigkeit durch ein Sieb und süßen Sie sie eventuell mit Honig.

Dies, eine halbe Stunde vor dem Schlafengehen getrunken, wird allen gestressten Managern, Schülern, Studenten und anderen Schreibtisch-Nachtarbeitern die nötige Ruhe bringen. Die Ingredienzien bekommen Sie in Apotheken und Reformhäusern.

5. Ein Bad gegen Stress

Gegen Stress helfen auch Entspannungsbäder. Auch hier geben wir Ihnen ein einfaches Rezept:

Übergießen Sie 100 Gramm Baldrianwurzeln mit drei Litern Wasser, lassen Sie das Ganze zehn Minuten lang kochen und seihen Sie es ab. Die Flüssigkeit wird dem Badewasser zugesetzt. Statt dessen können Sie dem Badewasser aber auch 200 Gramm Baldriantinktur zufügen; ferner gibt es in der Apotheke fertige Baldrianextrakte.

Ebenso helfen Melissen-Badeextrakte, um einen gestressten Körper am Abend zu beruhigen. Die Wirkung dieser Extrakte kann hoch oder niedrig dosiert werden – genauso wichtig ist die Art, in der Sie baden. Steigen Sie langsam in die Wanne, versuchen Sie, im Wasser schwer zu werden (ohne einzuschlafen), und verlassen Sie das Bad mit allergrößter Behutsamkeit.

Seien Sie nett zu sich

Stress ist ein Zeichen für rüden Umgang mit Körper, Geist und Seele. „Mittelchen" helfen nur bedingt gegen ihn. Wichtiger ist eine Änderung der Lebensführung, im Großen wie im Kleinen – und sogar in der Badewanne.

6. Cholesterin und Fett

Seit etwa einem Jahrhundert gibt es die wissenschaftliche Debatte über die Risiken zu fettreicher Ernährung, Zusammenhänge mit Herzerkrankungen haben sich in vielen Studien gezeigt. Als Übeltäter ist immer wieder zuviel Cholesterin im Blut genannt worden. Jeder normale „Check-up" beim Arzt enthält deshalb einen Test für Blutfett. Cholesterin kann sich in den Arterien ablagern. Die möglichen Folgen sind: Arteriosklerose, ein Verstopfen und Verkleben der Arterien. Endresultat: Herztod. Vorbeugung: weniger Fett, weniger Eier, weniger

Croissants, weniger Eiskrem und weniger von vielen anderen guten Sachen essen.

Fettreiches Essen und Cholesterinspiegel

Nicht bei jedem Menschen gibt es einen Zusammenhang von fettreichem Essen und erhöhten Blutfettwerten. Neuerdings mehren sich allerdings die Hinweise, dass nicht nur Nahrungsaufnahme diese Werte anheben kann, sondern auch Stress.

Inzwischen ist bekannt, dass die Zusammenhänge zwischen Ernährung und Herztod alles andere als eindeutig nachgewiesen sind. Unterschieden werden muss zwischen gesättigten und ungesättigten Fettsäuren. Zudem wirkt ein Reduzieren der Fettaufnahme nicht bei allen Menschen direkt auf den Fettgehalt des Blutes. Überflüssiges Cholesterin wird bei manchen Menschen direkt ausgeschieden; bei anderen reduziert der körpereigene Cholesterin-Lieferant, die Leber, die eigene Produktion und kompensiert auf diese Weise zu „schweres“ Essen. Nur bei einer weiteren Gruppe (bei etwa 30 Prozent der Menschen) gibt es durch fettes Essen einen Anstieg der Blutfettwerte. Und: Es mehren sich die Hinweise, dass nicht nur Nahrungsaufnahme diese Werte anheben kann, sondern auch Stress.

Es gibt einen nicht einfachen Test, mit dem Sie selbst bestimmen können, ob zu hohe Blutfettwerte mit Ihren Ernährungsgewohnheiten zusammenhängen: Lassen Sie Ihren Arzt diese Werte bestimmen und lassen Sie sich für sechs, acht Wochen eine Diät „verschreiben“, die diese Werte absenken müsste. Gelingt dies (was danach durch einen zweiten Blutfett-Test festzustellen ist), so haben Sie zumindest einen Risikofaktor bei sich erkannt und sollten bei dieser Diät bleiben. Gelingt es nicht, sollten Sie nach anderen Ursachen für einen zu hohen Blutfettwert suchen, nach Stress in Ihrem Leben zum Beispiel.

Stress: Risiko für den Körper

Stress ist ein direkter Risikofaktor für Herz-/Kreislauf-Leiden, weil durch ihn die Blutgefäße verengt werden und sich so der Blutdruck erhöht. Stress bewirkt zudem hormonale Veränderungen im Körper, die wiederum den Cholesterin-Wert im Blut erhöhen können. Diese Körperreaktionen sind eine Art Nebenprodukt bei der allgemeinen Aktivierung zu Beginn einer Stress-Situation. Dabei werden auch die Fettreserven des Körpers angegriffen, um Energie bereit zu stellen.

Die Mechanismen des Körpers bei Stress haben zwei Ärzte, Roy Roseman und Meyer Friedman, bereits vor mehr als 20 Jahren erkannt, die auch den Begriff „Typ-A“ geprägt haben. Sie fanden zum Beispiel heraus, dass sich die Cholesterin-Werte im Blut bei ansonsten gesunden Medizinstudenten vor den Examina erhöhten. Sie gaben auch Versuchspersonen den Rat, in ihrem Urlaub die (eigentlich zu fettreiche) „Diät“ von drei Eiern pro Tag zu essen. Dennoch trat dadurch keine Erhöhung der Blutfettwerte ein; sie sanken im Urlaub sogar ab, gingen aber bei normaler Ernährung im Alltagsstress schnell wieder auf die Ausgangswerte zurück.

Einfach sind die Zusammenhänge zwischen Essen und Herz-Risiken also nicht, doch gerät Stress immer mehr in den Blickpunkt. Dies entspricht auch Daten, die der schon erwähnte Robert Eliot bei seinen auf Seite 86 beschriebenen Versuchen mit Videospielern gesammelt hat. Bei einigen Versuchsteilnehmern, deren Blutdruck beim Spiel in die Höhe schnellte, konnte Eliot zugleich einen Anstieg der Blutfettwerte registrieren.

Andere Ärzte und Psychologen haben inzwischen neben dem beschriebenen Typ-A eine weitere Risiko-Persönlichkeit entdeckt: extrem feindselige Menschen, Menschen also, die glauben, dass andere immer nur Böses gegen sie im Schilde führen. Einige dieser Feindseligen gehören zum Typ-A, aber auch wenn dies nicht der Fall ist, tragen sie das erhöhte Risiko einer Herzerkrankung mit sich. Denn bei einigen von ihnen zeigten sich unter Stress ebenfalls erhöhte Blutfettwerte.

Das Resümee lautet wie so oft in der Wissenschaft: „Weitere Forschung ist nötig.“ Dennoch ist es nicht zu früh, auch ohne wissenschaftliche Klärung schon jetzt Konsequenzen für die eigene Lebensführung zu ziehen. Die amerikanische Ernährungsexpertin Jane Brody empfiehlt in jedem Fall eine fettarme Diät. Lassen Sie sich dabei von Ihrem Arzt beraten. Sie können die Einzelheiten zwar auch diversen Ernährungsbüchern entnehmen, doch Experimente mit dem eigenen Leben sollte man nur unter ärztlicher Aufsicht durchführen.

Sind Sie feindselig?

Neben der Tpy-A Persönlichkeit gibt es noch einen weiteren Charakter, der ein erhöhtes Gesundheitsrisiko trägt: der/die Feindselige. Diese Menschen glauben, dass ihre Mitmenschen immer nur Böses gegen sie im Schilde führen und bezahlen dies nicht selten nicht krankheitsähnlichen Symptomen.

7. Entspannung gegen Stress

Nichts kann einen angespannten Menschen stärker verkrampfen als der fröhliche Hinweis: „Nun sei doch mal ganz locker!"

Was der Körper über Jahre hinweg an Anspannung hat hinnehmen müssen, verarbeitet er auf seine eigene Weise. Er nimmt gewohnheitsmäßig eine verkrampfte Haltung an.

Stress verursacht Verspannungen
Was der Körper über viele Jahre hinweg an Stress hat hinnehmen müssen, zeigt er auf seine eigene Weise: Verspannungen und Blockaden treten in fast allen Bereichen auf. Bei manchen Menschen zum Beispiel „rastet" irgendwann einmal die Muskulatur ein. Die Folge sind Rückenbeschwerden, aber auch der berühmte steife Nacken.

Viele übergewichtige Menschen können davon ein Lied singen, speziell die Männer, und sie singen es auch dann noch, wenn sie bereits ihre überflüssigen Pfunde losgeworden sind. Sie haben nämlich, um schlanker auszusehen, die Gewohnheit angenommen, den Bauch einzuziehen. Dadurch wird jedoch die Atmung behindert; die Sprache wird schnarrend und nutzt zumeist nur noch die höheren Frequenzen der eigenen Stimmlage – es ist eine „Krampfsprache", die bei einem Gegenüber selten gelöste Worte hervorbringt und so zur wechselseitigen Ausbreitung von Stress beiträgt.

Das Beispiel mit den Bauchmuskeln lässt sich auf alle anderen Muskelgruppen des Körpers übertragen, so auch auf jene Muskeln, die eigentlich sehr beweglich sein und das Rückgrat in ständiger Anspannung und Entspannung halten sollten. Bei gestressten Menschen „rastet" hier irgendwann einmal die Muskulatur ein. Die Folge sind Rückenbeschwerden, aber auch der berühmte steife Nacken mit allen negativen Folgen wie zum Beispiel Spannungskopfschmerzen.

Zwei andere Muskelgruppen, die unter sehr starken Spannungen leiden können, beachten wir meist gar nicht: die Muskulatur, in die unsere Augen eingebettet sind, aber auch die Kau- beziehungsweise die Sprechmuskeln. Viele Menschen haben Schwierigkeiten, ihren Unterkiefer locker hängen zu lassen. Dies zu tun aber ist, wie schon erwähnt, bereits morgens bei der Kosmetik oder beim Rasieren eine schöne Anti-Stress-Übung. Sind die Augenmuskeln angespannt, bekommen wir einen „stieren" Blick. Funkelnde, leuchtende Augen (ein positives Signal für unsere Mitmenschen, uns in freundlicher, stressmindernder Weise zu begegnen) haben gestresste Menschen leider nicht sehr oft.

Verspannte Augen- und Kiefermuskeln
Zwei Muskelgruppen, die sehr stark von Spannungen betroffen sein können, werden fast nie beachtet: die Augen- und die Kau- bzw. Sprechmuskeln. So können gestresste Menschen nicht ihren Unterkiefer locker hängen lassen oder sie haben einen „stieren" Blick.

Doch was würde es jetzt nutzen, wenn Sie beginnen, Ihre Sprech- und Augen-Muskulatur zu trainieren? Viel heilsamer ist es, wenn Sie lernen, dass in diesen Körperbereichen wesentliche Stresspunkte liegen. Ein Training wäre eine zusätzliche Aufgabe und würde bedeuten, den zweiten Schritt vor dem ersten zu machen, und der erste Schritt kann nur heißen: Stress bei sich wahrzunehmen und seine Beziehung zu bestimmten Situationen oder zu unserer generellen Lebensführung zu erkennen.

Yoga und Meditation
Wollen Sie dennoch gezielt etwas für sich tun, dann sollten Sie – in Volkshochschulen, bei einigen Ärzten und vielen Psychotherapeuten – nach Kursen für Autogenes Training suchen. Damit lernen Sie eine effektive Methode der Entspannung des ganzen Körpers. Eine Stufe davor können Meditationsübungen stehen. Meditieren hilft, uns aus einer stressreichen Lebensführung zu bringen. Meditieren können Sie bei vielen Tätigkeiten des Tages: sogar Abwaschen kann Meditation sein.

Langweilige, monotone Tätigkeiten bringen es zumeist mit sich, dass unsere Gedanken abschweifen. Entweder regen wir uns über diese lästigen Pflichten auf oder wir träumen von schöneren Dingen. Nichts gegen Träume und schon gar nichts gegen Tagträume, denn auch sie können uns entspannen. Noch heilsamer aber ist es, mit allem, was wir sind und tun, in der Gegenwart zu bleiben. Das kann die lästigen alltäglichen Pflichten leichter von der Hand gehen lassen und uns irgendwann einmal zu dem Gedanken führen, ob wir für den Rest unseres Lebens genau das tun wollen, was wir glauben, tun zu müssen.

In der Gegenwart leben
Voll bei der Sache zu sein, die man gerade macht – das ist der Kern jeder Meditation. Heute sprechen wir hier von „Flow". Und so verstanden, kann alles, was wir tun (gleich, wie gestresst wir dabei sind), wenn wir es einmal wahrnehmen und erkennen, der Einstieg in eine Welt mit größerer Lebensfreude werden.

So fängt ein stressfreies Leben an: Wenn Sie wollen schon heute!

The best things in life are free.

(John Lennon)

Stress ist eine Sünde gegen das Beste, was wir haben, gegen unser Lieben, unser Lachen, gegen unser Leben. Das Wort „Sünde“ scheint Ihnen vielleicht etwas zu hoch gegriffen, denn es weckt Assoziationen an den Himmel und das Jenseits. Aber das Wort ist mit Bedacht gewählt, denn es erlaubt, auf die Erfahrung derjenigen Menschen zurückzugreifen, die Fachleute sind für den Umgang mit der Sünde: den Theologen – aber nicht unbedingt der Moralprediger.

Sünde ist etwas sehr Irdisches, und einige Theologen glauben, dass es dem Himmel ziemlich egal ist, ob wir sündigen oder nicht. So verstehen sie die Gnadenlehre des Christentums: Kann ein irdischer Mensch mit irgendeiner Tat mächtiger sein als die Gnade Gottes? Nein. Das einzige, was er kann, ist, sich sein Leben hier auf Erden durch Sünde schwieriger und unerfreulicher machen. Und für die Sünde des Stresses gilt der Satz entsprechend. Für jeden Sünder gibt es Vergebung. Sie ist keine Sache, die man sich durch Geld und gute Werke erkaufen kann, sondern eine Gnade. Selbst auf dem Totenbett kann es noch Vergebung geben. Es ist also nie zu spät zur Umkehr.

Und in diesem Zusammenhang sehen wir auch zwei der schönsten Worte unseres Religionsstifters. Das erste kann ängstigen: „Herr lehre uns bedenken, dass wir sterben müssen.“ Gemeint aber ist, was die Lateiner mit „respice finem“ meinen: „bedenke das Ende“. Bedenke nicht nur, was „im Hier und Jetzt“ wichtig, erfreulich oder unangenehm erscheint. Dann relativieren sich Dinge, die wir heute sehr wichtig nehmen – gerade auch Belastungen und Probleme – in heilsamer Weise.

Bedenke das Ende!

Der Gedanke, dass wir sterblich sind, muss uns nicht ängstigen. Aber er relativiert Probleme und Schwierigkeiten, die uns im Augenblick beschäftigen. Und wir fragen uns: Wie ernst sind sie wirklich? Müssen wir wirklich unsere Zeit und Energie mit unseren Problemen (oder mit ihrer Lösung) vergeuden?

Das andere Wort Jesu Christi ist: „Mein Reich ist nicht von dieser Welt.“

Dies Wort sagt mehr in einer etwas anderen Formulierung: „Mein Reich ist nicht von, aber sehr wohl in dieser Welt.“ Es gibt bereits ein Paradies auf Erden: ein Leben in dem wir lieben und lachen. Das bedeutet, dass wir all unsere Fähigkeiten leben und genießen:

- ✘ unsere Arbeitskraft und Leistungsfähigkeit,
- ✘ unsere Liebesfähigkeit,
- ✘ unsere Sexualität,
- ✘ unsere Fähigkeit zu spielen,
- ✘ unsere künstlerischen und expressiven Begabungen,

✘ unsere Freiheit und Unabhängigkeit …

… kurz: dass wir auch im Angesicht von Problemen und Belastungen fröhlich bleiben. Eine paradiesische Vorstellung!

Stress ist eine Sünde gegen das gute Leben. So besehen, hat Stress einen positiven Sinn. Stress ist wie jede Sünde ein Zeichen dafür, dass wir uns selbst schaden. Je früher wir dieses Zeichen erkennen, desto besser. „Lass ab vom Bösen und tue das Gute" – so hat es Erich Fromm gesagt.

Sicher: Es ist es nur eine von vielen Möglichkeiten, über theologische Begriffe zu Erkenntnissen zu gelangen. Ihnen mag ein anderer Weg leichter erscheinen, etwa der medizinische, der esoterische oder der psychologische. In jedem Falle aber sollten auch Sie – ganz im christlichen Sinne – dankbar sein für jeden Stress, den Sie in Ihrem Leben erkennen, denn er kann den Einstieg in ein neues Leben bedeuten. Gleich, wann Ihnen der Gedanke kommt – zu spät ist es nie. Viele Menschen haben ihr stressreiches Leben erst nach einem überstandenen Herzinfarkt geändert. Wenn Sie so lange warten wollen – dem Himmel ist es gleich.

Viele Wege führen zum Ziel

Es muss nicht unbedingt der christliche Glaube sein, der Ihnen Sinn und tiefe Erkenntnisse vermittelt. Wichtig ist allein, dass Sie jeden Stress auch als Chance begreifen, Ihrem Leben eine neue positive Wendung zu geben.

Weil Stress die große Chance beinhaltet, ein schöneres Leben zu beginnen, ist es vielleicht noch nicht die höchste Weisheit, den Körper durch ein rigides Gesundheitsprogramm widerstandsfähiger gegen die Jahre im Stress zu machen. Auch diese Jahre gehen am Leben vorbei, wenn ihnen Komponenten wie Lust, Freude, Lachen, Genuss, Zeit verschwenden, Träumen, Nichtstun oder sinnlose Dinge tun fehlen. Ein besserer Lebensplan ist, heute – nicht erst morgen – den Mut zu haben, vom Stress abzulassen und zu sehen, was kommt. Eines steht Ihnen sicher bevor: eine interessante Periode in Ihrem Leben.

Zum Abschluss dieses Buches finden Sie einige „Tipps", wie der Ausstieg aus dem Stress einfacher zu bewältigen ist. Es sind sehr einfache Ratschläge und sie beziehen sich bewusst auf nur einige wenige Lebensbereiche. Der Gedanke, der dahinter steckt, ist: Irgendwo anfangen und nie nach Perfektion streben! Niemand wird gänzlich ohne Stress leben können. Es gibt aber sicher einige Haupt-Stress-Faktoren, und wenn Sie diese im Griff haben, haben Sie schon viel geschafft.

Suchen Sie sich Inseln

Hilfreich ist das Bild einer Insel. Schaffen Sie sich stressfreie Inseln in Ihrem Leben: Arbeitsgebiete, bei denen alles reibungslos klappt; Beziehungen zu anderen Menschen, die Ihnen persönlich nichts als gut tun; das richtige Verhältnis zwischen Anspannung und Entspannung für Ihren Körper und Ihren Verstand; und eine Einstellung zu den nicht zu leugnenden Problemen unserer Zeit, bei der Sie die positiven Zeichen sammeln und die positiven Dinge leben.

Stressfreie Inseln

Reisen Sie auf Ihre Inseln: Das sind die Orte, an denen Sie ohne Anspannung und Hektik sind, an denen alles ohne Stress zu funktionieren scheint. Sie haben sicher schon solche Inseln in Ihrem Leben. Leben Sie dort und betrachten Sie sie nicht als vorübergehenden Urlaubsort.

Mit Sicherheit gibt es in Ihrem Leben solche Inseln bereits. Sie zu erkennen, zu wissen, dass sie da sind, und sich dort aufzuhalten, dort zu leben – darum geht es beim Aussteigen aus dem Stress. Dort zu leben und sie nicht als Urlaubsort, als Rückzugsgebiet, als Fitness-Reservate zu „funktionalisieren", um sich mit frischer Kraft erneut in Arbeits- und Karrierestress zu begeben. Es gehört Mut dazu, sich auf eine stressfreie Insel zu begeben, denn der erste Schritt ist oft, „nein" zu sagen.

Lernen Sie „Nein" sagen

Wenn Sie jetzt im Moment mit irgendwelchen Arbeiten und Pflichten unter Zeit-Stress stehen und „nein" sagen, bekommen Sie erst einmal Schwierigkeiten und Probleme. Dennoch zwei Fragen: Wie schlimm ist es wirklich, den Ihnen (von wem eigentlich) gesetzten Termin zu überziehen? Und die zweite: Arbeiten Sie unter Stress wirklich zeiteffizienter?

„Nein" ist eines der wichtigsten Worte in unserem Leben. Eine Arbeit abzulehnen, weil man mit anderen Dingen ausgelastet ist, eine Einladung abzulehnen, von der man genau weiß, dass der Abend „stressig" wird, kann Probleme mit anderen Menschen verursachen. Ziehen wir hier aber keine Grenzen, sind die Probleme größer:

- ✘ „Ich habe jahrelang in meinem Beruf alles übernommen, was zu tun war. Wenn ich jetzt auf einmal „nein" sage, gestehe ich ein, dass auch ich nicht unbegrenzt belastbar bin."
- ✘ „Ich bin immer für andere Menschen dagewesen. Wenn ich jetzt „nein" sage, bin ich nicht, wie ich sein wollte."

„Nein“ sagen rüttelt also am eigenen Selbstbild. Doch, es gibt auch andere, positive Selbst-Erfahrungen, die mit einem „Nein“ verbunden sein können:

„Nein“ sagen

Lernen, „nein“ zu sagen, ist erst einmal unangenehm. Doch stellen Sie sich den Ansprüchen Ihrer Mitmenschen offen entgegen, und geben ihnen die Chance, Sie so zu sehen, wie Sie sind. Nicht alle Ansprüche zu erfüllen, rüttelt erst einmal auch am eigenen Selbstbild, doch auf Dauer können Sie nur gewinnen.

- „Ich habe jahrelang meine Familie vernachlässigt, weil immer die Arbeit oder weil gesellschaftliche Verpflichtungen vorgingen. Wenn ich jetzt „nein“ sage, habe ich ein schönes, erholsames Familienwochenende vor mir.“
- „Ich habe mich jahrelang für meine Familie geopfert. Wenn ich jetzt „nein“ sage, habe ich 14 Tage vor mir, in denen ich ganz allein für mich verreisen kann.“

Den Mut zum „Nein“ muss jeder Mensch selber aufbringen. Es muss kein durchgehendes „Nein“, keine konsequente Verweigerung sein. Suchen Sie sich diejenigen Inseln, auf denen das „Nein“ einigermaßen einfach zu leben ist. Im Sinne einer Zusammenfassung dieses Buches möchten wir Ihnen zum Abschluss einige Gebiete aufweisen, bei denen sich diese Suche lohnen kann. Ganz bewusst wollen wir Ihnen, das sei jetzt zum letzten Mal gesagt, keine neuen Übungen vermitteln. Alles, was wir glauben, Ihnen raten zu können, muss sich aus Ihrem täglichen Leben ergeben. Zudem wollen wir Ihnen kein Kaleidoskop möglichst vieler Dinge bieten, sondern einige wenige, die Sie auf einen richtigen Weg bringen. Was folgt, können Sie als „Hausputz“ ansehen, als Entrümpelungsprogramm für Ihr gestresstes Leben.

Inseln körperlicher Ruhe in Ihrem Leben

Der wichtigste Rat dieses Buches stand ganz am Anfang, und er gilt immer noch:

- Schlafen Sie ein halbes Jahr lang acht Stunden pro Nacht. Das ist die beste Strategie gegen Stress und wird zudem Ihr „Zeitbudget“ verschieben. Sie haben dann nämlich in der Wachzeit weniger Gelegenheit, sich zu stressen, denn Sie müssen besser auswählen, was Sie tun.
- Zigaretten rauchen, Kaffee trinken, Auto im Stoßverkehr zu fahren – das sind Beispiele für überflüssigen Stress.
- „Geistige“ Anspannung zu erfahren ohne körperliche Abreaktion, hält uns in Spannung, macht „nervös“ und bewirkt langfristig, dass sich der Stress auf den Magen oder andere Körperorgane, auf

die Konzentrationsfähigkeit, die Arbeitsmotivation, die Sexualität oder gar auf die Lust am Leben niederschlägt.

- Halten Sie sich nach Möglichkeit an eine Rhythmik in Ihrem Tagesablauf. Der Körper stellt sich weniger leicht auf neue, ständig wechselnde Situationen um, als unser (Wunsch-)Denken uns weismachen will.

Wann immer Sie zudem erkennen, dass Sie Teil eines Prozesses sind, der abläuft, ohne dass sie ihn stoppen können, verschwenden Sie Ihre Kräfte nicht damit, dagegen anzukämpfen. Sie werden den Rhythmus von Tag und Nacht, von Sommer und Winter, von älter und erwachsen werden nicht ändern. Sie werden mit Einzelaktionen auch die Machtstrukturen an Ihrem Arbeitsplatz oder in der Gesellschaft nicht verändern. Aber Sie können sie gestalten.

Erkennen Sie Stress

Wichtig ist, dass Ihnen Stress und Überforderung bewusst werden. Nehmen Sie die Situation an, wie sie ist. Meist wissen Sie selbst, was Sie jetzt tun oder nicht tun wollen. Vielleicht atmen Sie vor einer großen Anstrengung erst einmal ganz tief durch. Aber: Laufen Sie nicht weg.

Inseln der Entspannung

Das Wichtigste ist, Stress und Anspannung überhaupt erst einmal wahrzunehmen und anzunehmen. In 99 von 100 Fällen wissen Sie dann selber, was für Sie in der konkreten Situation zu tun ist.

Versuchen Sie nach Möglichkeit, das eine aber nicht zu tun: wegzulaufen. Besser ist es, bei der Aufgabe zu bleiben, durchzuatmen und sich selbst zu sagen, wie groß der Stress ist. Hilfreich dabei ist die Atemübung, die Sie von Seite 155 kennen.

Die beste Entspannung in Gesprächen und Diskussionen ist (siehe ebenfalls Seite 155 ff.), zu hören, statt immer nur selber zu reden.

Joggen hilft gegen konkreten Druck, gegen aktuelle Angstzustände und lässt – so die Vermutung von Medizinern und Psychologen – unseren Körper den Umgang mit Anspannung und Entspannung trainieren.

Joggen, kombiniert mit einer Art Meditation – ständig dasselbe kurze Wort sagen, um den „Platz“ für andere Gedanken und Worte im Kopf zu besetzen – ist eine der besten Arten der Gedankenkontrolle.

Es gibt eine klassische Situation, die viele gestresste Menschen zur „Explosion“ bringen kann: warten zu müssen – in einem Verkehrsstau; auf dem Bahnhof; auf dem Flughafen; an der Hotelrezeption;

vor der Kinokasse; vorm Fahrstuhl; am Taxi-Stand; an der Kasse im Supermarkt; wenn ein anderer Mensch zu langsam redet oder denkt; am Fotokopierer; wenn Sie mit Kindern zusammen sind; wenn Sie zusammen mit Ihrem Partner etwas unternehmen wollen und er/sie trödelt. Wie hat Charles Bukowski gesagt? Das gerissene Schuhband, wenn die Zeit knapp ist, ist es, was uns ins „Irrenhaus" bringt – nicht die existentielle Katastrophe. Was machen Sie, „wenn das Schuhband reißt"? Durchdrehen? Zuschlagen? Oder atmen und bis zehn zählen?

Inseln der Geborgenheit

Alle Menschen, vor denen Sie sich zeigen, wie Sie wirklich sind, und nicht, wie Sie sein wollen oder sollen, bilden ein „social support"-System, ein Netzwerk hilfreicher Kontakte. Darin geborgen zu sein, ist eine der besten Hilfen gegen die negativen Auswirkungen von Stress. Um diesen gesund machenden und in Krisen schützenden Umgang mit Menschen aufrecht zu erhalten, brauchen Sie Zeit – und zwar nicht Freizeit, die immer angefüllt ist mit Aktivitäten, sondern wirklich freie Zeit, Zeit zum „Verschwenden". Um diese Zeit zu finden, müssen Sie

Setzen Sie auf „social support"
Wenn Sie Ihren Mitmenschen die Gelegenheit geben, Sie so zu erfahren, wie Sie wirklich sind, schaffen Sie sich ein Netzwerk hilfreicher Kontakte. Die Zeit, diese Kontakte zu pflegen, sollten Sie sich nehmen, denn das ist Ihr Schutz in Krisen.

möglicherweise Ihre sonstigen Bindungen und Loyalitäten überprüfen: Ihrer Arbeit, eventuell aber auch Ihren Verwandten und Bekannten gegenüber.

Arbeits- und Leistungs-Inseln

Arbeit und Leistung an sich bereiten keinen Stress. Unter hoher Anspannung viel „wegzuschaffen", gehört zu den wirklich befriedigenden Dingen im Leben. Gestresst werden wir nur dann, wenn wir uns mit der Arbeit nicht identifizieren können. Leider haben wir alle unangenehme Pflichten zu erledigen. Halten Sie sich die dafür angemessene Zeit – wann immer möglich, und am besten regelmäßig eingeplant frei.

Dazu sollten Sie

- ✗ unerreichbar sein: das Telefon nicht beantworten; keine Besucher empfangen; keine Post zur Kenntnis nehmen.

- ✗ Unterschätzen Sie nie wieder die Zeit, die Sie für Menschen brauchen (auch und gerade bei der Arbeit). Die meisten Menschen brauchen eine gewisse Anlaufzeit, bis sie zum Thema kommen. Oft ergeben sich zudem nach dem formellen Abschluss eines Gesprächs erst die wichtigen und interessanten Dinge.
- ✗ Machen Sie nie mehr als eine einzige Sache zur selben Zeit. Wer hat uns nur beigebracht, Julius Cäsar dafür zu bewundern, dass er mehrere Dinge gleichzeitig tun konnte? Der Erfinder des Stresses!

Der wichtigste Rat aber ist ein (scheinbar) paradoxer. Wenn schon Stress im Leben, dann schaffen Sie ihn sich doch selbst! Und wenn Sie im Alltag oder im Arbeitsleben an eine neue Aufgabe mit dem Gefühl herangehen: Da habe ich mir einen ungeheuren Stress aufgeladen, den will ich jetzt leben, andere Dinge haben sich dem unterzuordnen, so hat das eine ganze Reihe von Vorteilen:

Sie merken, was in Ihrem Leben geschieht. Sie erkennen die Realität und stellen sich darauf ein.

Sie kommen so der richtigen Einsicht nahe, dass Stress zwar immer als von außen auferlegt empfunden wird, dass wir es aber selber sind, die sich Stress schaffen: erst einmal ganz vordergründig dadurch, dass wir bei neuen Aufgaben nicht „nein" sagen, zum anderen aber, weil Stress immer eine subjektive Komponente enthält: Zur der Belastung kommt unsere Wahrnehmung der Situation ebenso hinzu wie unsere Wahrnehmung der Ressourcen, die uns zur Bewältigung einer Aufgabe zur Verfügung stehen.

Schließlich machen Sie durch die Selbsterkenntnis, dass Sie selbst sich Ihren Stress schaffen, einen entscheidenden Schritt, in dem Sie sich nicht als Spielball fremder Kräfte, als „Opfer" der Menschen und Umstände sehen (das war das Thema ab Seite 79 ff.). Statt dessen sind Sie „Täter", Verursacher, Schöpfer – auch und gerade der negativen Erfahrungen Ihres Lebens. Und diese Fähigkeiten lassen sich positiv einsetzen. Statt unter dem Stress Ihres Arbeitslebens hilflos zu leiden, können Sie auch „nein" sagen.

Inseln der Unkontrolliertheit und Irrationalität

Wir alle führen ein „Doppelleben". Wir sind sachlich, rational, planend, verantwortungsbewusst. Aber wir sind auch mehr und können mehr: spielen, lachen, tanzen, singen; wir haben künstlerische, gestaltende Interessen. Gehen Sie dem nach.

Religion ist wichtig

Wir alle sind auch religiöse Menschen. Wir brauchen die Auseinandersetzung mit Sinnfragen des Lebens, und die ist nicht allein auf logisch-rationale Weise zu führen. Wer diese Dimension seines Lebens auf Dauer verdrängt, wird ebenfalls unzufrieden.

Ein einfaches Schema soll Ihnen zeigen, an welcher Stelle Ihres Lebens Sie anfangen können, von Stress auf Lebensfreude umzuschalten:

1. Suchen Sie sich eine einzige Sache heraus, die Sie in Zukunft lassen wollen. Schreiben Sie sie auf:

   ____

2. Fragen Sie Bekannte, Freunde, Kollegen und Verwandte (auch und gerade Kinder!), welche eine Sache Sie zukünftig im Umgang mit anderen Menschen unterlassen sollten. Schreiben Sie sie auf:

   ____

3. Gehen Sie in einer ruhigen Stunde mit Papier und Bleistift einmal Ihren Kollegen-, Freundes-, Bekannten- und Verwandtenkreis durch. Beantworten Sie sich die eine einzige Frage: „Wer verwöhnt mich?“ Tragen Sie drei Namen von (in Ihrer Nähe wohnenden) Menschen in die ersten drei Zeilen der folgenden Liste ein. Schreiben Sie darunter drei Namen von Menschen, bei denen Sie sich sehr unwohl fühlen:

Menschen, die ich ab jetzt seltener sehen werde:

____

____

____

Menschen, die ich ab jetzt öfter sehen werde:

____

____

____

4. Gehen Sie einmal die Liste jener Dinge durch, die Sie sich zu kaufen wünschen. Schreiben Sie jene zehn Dinge auf, die Sie gern hätten (auch Reisen), und beantworten Sie jeweils die einfache Frage: Ist dies ein echtes Bedürfnis? Oder nur eine Begierde.

Sie werden vielleicht denken, all dies sind sehr bescheidene Dinge im Vergleich zu einem Leben, das bunt ist, das befriedigend ist, das uns glücklich macht – nämlich ein Leben in Liebe und Lachen. Aber Stress ist ebenfalls eine einfache Sache. Und nach der homöopathischen Regel sollte man Gleiches mit

Gleichem bekämpfen. Wer Stress auf einfache Weise begegnet, beweist damit seinen Glauben an Lebensprozesse. Irgendwo den Anfang machen, dann kann es Entwicklungen geben. Je bescheidener der Anfang, desto größer die Wahrscheinlichkeit, dass kein Misserfolg daraus wird. Stress ist unsere große Chance, dem Leben eine neue Richtung zu geben.

Stress entsteht, wenn wir gegen unsere eigenen Bedürfnisse anleben. Wir leben heute in einer großartigen Zeit, aber wir leben auf Kredit. Wir jagen unter Zeitdruck immer neuen Zielen nach. Und dafür müssen wir Zinsen zahlen. Sie heißen Stress, fehlende freie Zeit, unseren Wohlstand zu genießen, fehlende menschliche Kontakte, fehlender Kontakt zur Natur – auch zu unserer eigenen.

Wir sollten für unser Leben eine Kosten-Nutzen-Rechnung machen. Steht das alles, womit wir durchs Leben hetzen, wirklich dafür? Die wirklich wichtigen Dinge im Leben kosten kein Geld. Liebe und Freundschaft, ein Gespräch bis tief in die Abendstunden gibt es für den „Gegenwert" von zwei Flaschen Wein und etwas Brot und Käse. Unserem Körper sein Recht auf Anspannung und Entspannung zu geben, kostet hundert Mark für ein paar ordentliche Laufschuhe. Das Wochenende kann man auch dann genießen, wenn man weniger als 500 Kilometer vom Wohnort entfernt ist, wenn man nicht in Verkehrsstaus steckt.

Leben Sie!

Eins ist sicher: Das Leben findet statt. Ob mit uns oder ohne uns, ist eine Entscheidung, die jeder Mensch für sich selbst treffen muss.
Stress ist ein Signal dafür, dass das Leben an uns vorbeigeht.

Register

Register

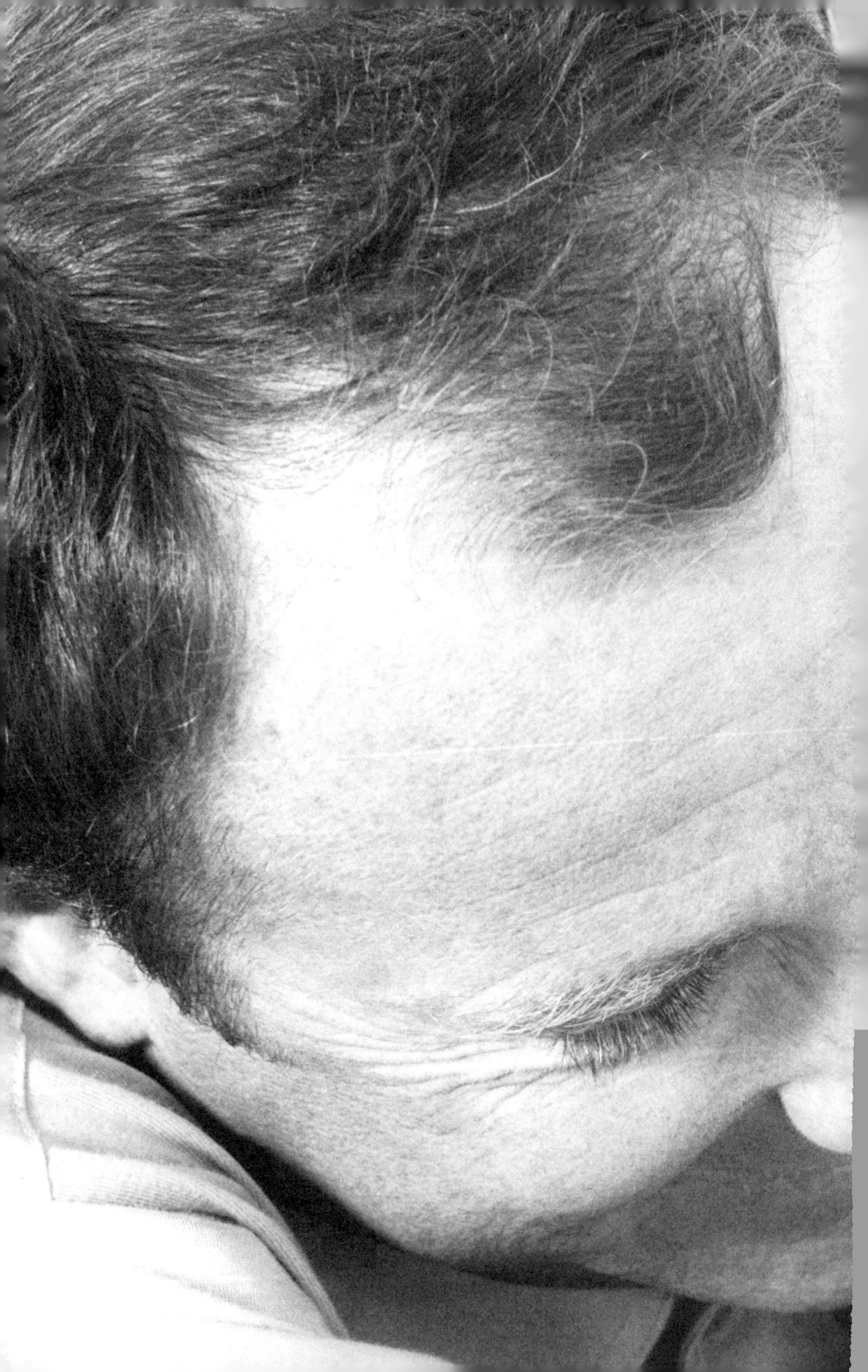